Cuadernos del Acantilado, 128

EL «QUATTROCENTO»

RAFAEL ARGULLOL

EL «QUATTROCENTO»

ARTE Y CULTURA DEL RENACIMIENTO ITALIANO

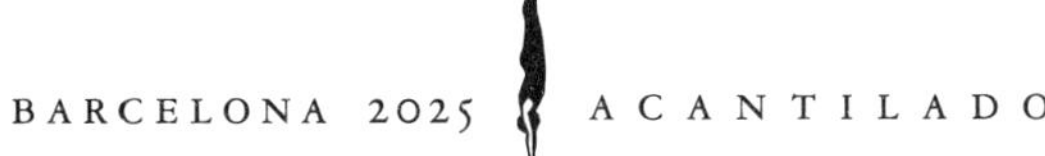
BARCELONA 2025 ACANTILADO

Publicado por
ACANTILADO
Quaderns Crema, S. A.

Muntaner, 462 - 08006 Barcelona
Tel. 934 144 906
correo@acantilado.es
www.acantilado.es

En la cubierta, *La caza en el bosque* (*c.* 1465-1470), de Paolo Uccello

ISBN: 978-84-19958-60-0
DEPÓSITO LEGAL: B. 8399-2025

AIGUADEVIDRE *Gráfica*
QUADERNS CREMA *Composición*
ROMANYÀ-VALLS *Impresión y encuadernación*

PRIMERA REIMPRESIÓN *julio de 2025*
PRIMERA EDICIÓN *mayo de 2025*

CONTENIDO

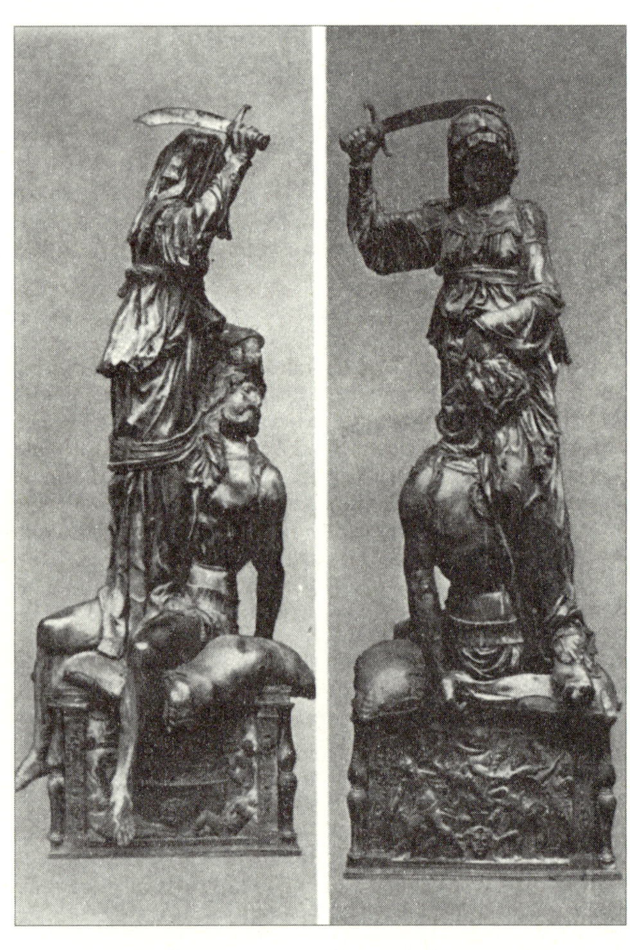

Donatello, grupo *Judith y Holofernes*, 1456.

INTRODUCCIÓN

El *Quattrocento* es, en mi opinión, el único momento histórico que, por su vertebración y coherencia, tiene una sólida unidad cultural frente a—o en relación con—los distintos fenómenos que en y desde la Edad Media han sido llamados «renacimientos». En él cristalizan definitivamente todos los elementos renovadores que han aflorado a lo largo de la civilización tardomedieval; desde él, como inevitable punto de referencia, hay que valorar los nuevos problemas que, a partir del siglo XVI, están en la base de la «crisis de nacimiento» de la Europa moderna.

La denominación *Quattrocento* implica, por supuesto, unas coordinadas cronológicas y espaciales: el siglo XV ampliado—por causas que se comprenderán a lo largo del libro—a algunos lustros de sus siglos contiguos; y, geográficamente, el movimiento artístico y cultural cuyo centro de irradiación es Florencia y cuyo marco específico es italomediterráneo. Sin embargo, por *Quattrocento* cabe, también, entender al concepto que califica a una bien determinada conciencia estética y, más en general, a un «estado de mente» con una personalidad propia. Es decir, a un arte y a un pensamiento que, con desarrollos desiguales e inevitables tensiones, presentan una apreciable cohesión y una poderosa lógica interna.

El objetivo del texto es, fundamentalmente, ilustrar los mecanismos que hacen posible la materialización de esta «mente quattrocentista». Para ello he examinado, en primer lugar, el proceso de formación del nuevo arte renacentista (especialmente en relación con las artes figurativas), surgido como consecuencia de una prolongada contradicción estilística y cultural en los últimos siglos de la Edad Media. La otra gran vertiente del *Quattrocento*, la literatura y las teorías del Humanismo, es analizada desde el punto de vista de su originalidad ideológica pero, asimismo, en su estrecha conexión con el mundo del arte.

Dos ideas básicas recorren las páginas que siguen: la certidumbre de que el primado de la belleza es la privilegiada columna que sostiene el entero edificio del Renacimiento y la constatación de que, en éste, el triunfo de la individualidad inaugura la grandeza y la tragedia del hombre moderno.

I
EL CUERPO HUMANO COMO UNIDAD SIMBÓLICA

La contemplación del segundo *David* de Donatello o de *La Virgen de las Rocas* de Leonardo da Vinci agota, instantáneamente, un elevado tanto por ciento de las argumentaciones académicas sobre la identidad del Renacimiento. Pueden agregarse otros millares de páginas a los ya escritos sobre la contradictoriedad, continuidad e, incluso, indiferenciación entre los períodos denominados «Edad Media» y «Renacimiento»; pueden escribirse otras decenas de libros y artículos que relativicen mediante nuevos puntos de vista y nuevas categorías—tales como «protorrenacimiento», «antirrenacimiento» o «manierismo»—la hipotética personalidad de una época. Frente a todo ello un hecho permanece, sin embargo, incontrovertible: la representación del cuerpo humano en la pintura y la escultura del *Quattrocento*—con importantes legados del siglo anterior y, todavía, fuertes influencias en el siguiente—significa una etapa con atributos estéticos estrictamente propios y diferenciados.

No hay otro elemento más característico del Renacimiento ni tampoco, a pesar de su concreción, más genuino en su dimensión artística y más universal en su alcance cultural.

El cuerpo humano es, por antonomasia, la unidad simbólica del Renacimiento. Y ello no solamente porque en él se manifiesta una nueva individualidad, según la indesmentida tesis de Jacob Burckhardt, sino, principalmente, porque en él se materializan tanto las distintas doctrinas teóricas como las múltiples manifestaciones artísticas del *Quattrocento.*

Si la proclama realista de retorno a la naturaleza conduce, por consecuencia lógica, a un estudio cada vez más minucioso de la figura humana, también la polémica antiescolástica dirigida por los neoplatónicos, lejos de significar un retorno a la abstracción, concluye en una exaltación de la idealidad corporal. Precisamente lo que otorga homogeneidad al movimiento humanista—que en realidad alberga en su seno muy distintas corrientes filosóficas—es la confianza, inédita desde la Antigüedad, en la integridad física y psicológica del hombre. Idea que, en la primera mitad del siglo XV, germina paralelamente a la revolución estética que, también basada en aquella integridad, tiene lugar en Florencia de la mano de hombres como Masaccio, Masolino, Brunelleschi, Jacopo della Quercia o Donatello.

En el plano del pensamiento, tanto la «filosofía de la contemplación» de la Academia platónica de Careggi como la «filosofía de la acción» de Maquiavelo apoyan la dignidad y libertad del hombre en su capacidad de autoidentidad moral y física. En literatura, siguiendo el camino marcado por Petrarca, la predominante espiritualidad del *dolce stil novo* se transforma paulatinamente de acuerdo con la complejidad que la época otorga al individuo. En *Il Cortegiano*, Castiglione presenta un paradigma humano que es una síntesis de idealidad y sensualidad, de armonía física y moral; en el *Orlando furioso*, Ariosto, siguiendo los pasos del individualismo heroico postulado por el Humanismo, hace hincapié en la *energeia*, como el signo más característico del hombre. También la transformación teórica e instrumental de la música, basada en el «principio de la armonía» y la «composición simultánea», persigue una libre expresividad fundamentada en el equilibrio entre los sentidos y el intelecto. E incluso llegan a concebirse las proporciones del cuerpo humano como la realización visual de la armonía musical perfecta.

Pero, tal vez, el caso más interesante sea el de la arquitectura. Es sabido que durante largos años Miguel Ángel acaricia la idea, nunca realizada, de construir una gigantesca obra en la que se fusionaran la arquitectura y la escultura, el edificio y el cuerpo. En una carta dirigida al cardenal de Carpi razona así su proyecto: «Es evidente que los miembros de la arquitectura dependen de los miembros del hombre». Sin embargo, éste no es sólo un espejismo del artista que domina los años tardíos del Renacimiento, sino *un problema central* de todo el *Quattrocento.* El nexo entre el cuerpo y el edificio, y la conexión entre las proporciones paradigmáticas de ambos, ocupa un destacado lugar en los principales escritos sobre teoría del arte. En *De pictura* (1436), *De re ædificatoria* (1450) y *De statua* (1464) de Leon Battista Alberti, en *De prospectiva pingendi* (1480-1490), de Piero della Francesca, o en *De divina proportione* (1497), de Luca Pacioli, se aborda explícitamente el tema de la *transposición* entre las formas del cuerpo humano y del cuerpo arquitectónico. En realidad ello forma parte de una transposición más general entre el macrocosmos y el microcosmos, entre la naturaleza y la vida: el universo construye al hombre a su imagen y el hombre construye sus obras siguiendo la misma regla. Ésta es, para el artista renacentista, la cadena generadora de la *armonía universal.*

De ahí la preocupación quattrocentista, de raíz pitagórica y platónica, por descifrar matemáticamente y aplicar técnicamente la «divina proporción» y el «número áureo» capaces de integrar aquella armonía universal en el arte. De ahí la omnipresente importancia de la máxima «*ad hominis bene figurati exactam rationem*» con la que Vitruvio en el tercer libro de su *De architectura* (*c.* 27-23 a. C.) había resumido el carácter antropomórfico de la arquitectura y el carácter geométrico, simétrico y arquitectónico del cuerpo humano. Alberti insiste reiteradamente en esta relación como base última de toda obra de arte. A ella se refieren los famosos emblemas de Leonardo da Vinci en los que se superpone la figura humana en un cuadrado o un círculo. En un mismo sentido Francesco de Giorgio llega a proponer una pintoresca equivalencia gráfica por la que una ciudad queda asimilada a la anatomía humana. Y Luca Pacioli, en términos absolutos, escribe:

«Toda medida, con todas sus denominaciones, deriva del cuerpo humano [...] de manera que, como dice nuestro Vitruvio, a su semejanza debemos proporcionar todo edificio» (*Trattato di architettura*).

No obstante, más importante que estas teorizaciones y simbolismos es la consecuencia artística de la interconexión entre cuerpo humano y cuerpo arquitectónico. Extremadamente representativa es, a este respecto, la obra de Piero della Francesca. En la *Madonna della Misericordia* (1449), la Virgen es al mismo tiempo una figura y un templo; solemne y simétrica, con su manto desplegado forma un arco que cobija a los fieles que están postrados ante ella. En un sentido distinto también los frescos del coro de San Francesco en Arezzo (1458-1466) muestran la mutua influencia que Piero della Francesca otorga a los espacios anatómicos y arquitectónicos; frontones, columnas, ropajes y figuras responden al equilibrio antropomórfico de la entera composición. A medida que avanza el *Quattrocento* el pleno acuerdo, a través de la forma, la luz y el color, entre la arquitectura y las figuras—reflejo de la armonía renacentista entre la naturaleza y el hombre—es una de las búsquedas más recurren-

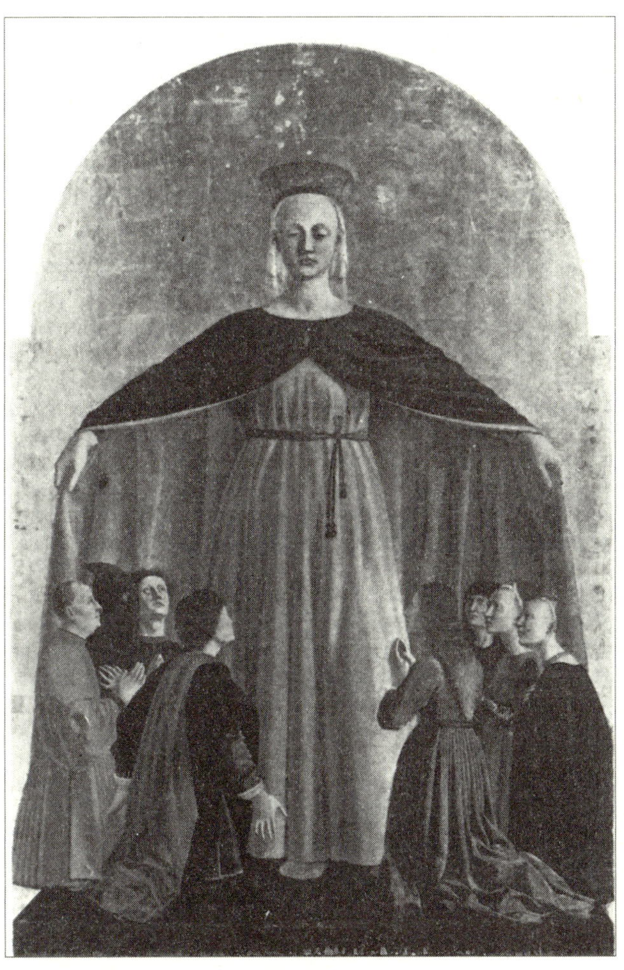

Piero della Francesca, *Virgen de la Misericordia*, 1449.

tes de la época. Filippo Lippi, Andrea del Castagno y Domenico Veneziano en Florencia; Giovanni Bellini y Vittore Carpaccio en Venecia son destacados ejemplos de un proceder que se hace extensivo a la casi totalidad de los artistas de la segunda mitad del siglo XV.

II

«HOMUS NOVUS»

En términos estéticos es, pues, la transformación del lenguaje figurativo, eje de una revolución estilística general, lo que señala una incontrovertible cesura entre el Renacimiento y los períodos anteriores. Todo el *Trecento*, a partir de Giotto, estimula la lenta y contradictoria germinación de un nuevo estilo. Bajo el hieratismo y la abstracción de raíz medieval se incuba la semilla de otro orden formal; pero, aun desgarrándose, es todavía el mundo de los universales, con sus secuelas antindividualizadoras y metafísicas, el que predomina en el terreno del arte. Mientras que Petrarca logra dar un viraje decisivo al pensamiento poético, artistas como Taddeo Gaddi y Andrea Orcagna en pintura o Nanni di Banco en escultura, si bien son peldaños decisivos para los tiempos venideros, se muestran todavía incapaces de romper cualitativamente con el pasado. Ello sólo ocurrirá, y de manera irreversible, con el cambio de siglo.

La mirada antimedieval hacia la Antigüedad

clásica, base del movimiento humanista que sigue el camino abierto por Petrarca, se extiende determinantemente al arte toscano. Pero esta mirada, arqueológica y filológica—y no meramente alegórica como en la Edad Media—va mucho más allá de la estricta imitación de las obras antiguas. En realidad, para los artistas florentinos de principios del siglo XV, además de la recuperación de una riqueza técnica y compositiva que había caído en el olvido, es la confirmación de una concepción estética. En ella halla su razón de ser el ansia antropocéntrica a la que tienden larvadamente las tendencias culturales del *Trecento*. Tras la pérdida de espacialidad y de materialidad del Medioevo, el cuerpo humano se abre al espacio de la naturaleza y concibe su anatomía como un espacio arquitectónico. Destruida la abstracción de origen teocéntrico, la figura del *homus novus*, síntesis y aspiración de la época, es representada con un volumen, un movimiento y una energía completamente nuevos.

Precisamente, desde este punto de vista, la importancia de Masaccio reside en que es el primer pintor que osa llevar a sus últimas consecuencias aquellas ideas que, irresueltas, han aflorado en el arte italiano desde Giotto. Tanto en los frescos de la cappella Brancacci (1424-1428) como en los de Santa Maria Novella (1426-1428) el *homus novus* es representado según la dimensión espacial que guiará todo el Renacimiento. En *El tributo* de la cappella Brancacci se encuentran tres de los elementos básicos de esta dimensión. El retorno a la naturaleza y la búsqueda de una armonía entre el hombre y aquélla son resueltos mediante el equilibrio, en «profundidad»—o, si se quiere, en «perspectiva»—, de las figuras de Jesucristo y los apóstoles y el paisaje del Pratomagno. Frente a la artificiosidad que la representación paisajista todavía tiene en el *Trecento*, en la obra de Masaccio, gracias al nuevo tratamiento espacial, el fondo natural aparece como el manto lógico a la acción que se desarrolla en primer plano. En segundo lugar, la presentación de los cuerpos es ya plenamente anatómica: los personajes representados tienen en sus miembros y en sus ropajes una consistente materialidad y muestran la prioridad que el artista otorga al movimiento. Por último, alejada la rígida generalización del abstraccionismo figurativo, todos ellos tienen un marcado sello individualizador. Los rasgos dejan de ser arquetípicos y se hacen personales, identificadores, propios.

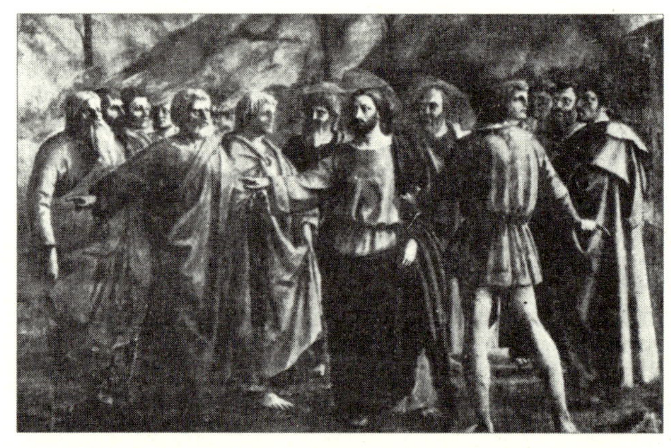

Masaccio, *El tributo*, 1424-1428.

En *La resurrección del hijo de Teófilo*, también de la cappella Brancacci, y en *La Trinidad* de Santa Maria Novella, cabe añadir otro elemento innovador: el marco arquitectónico que encierra las escenas representadas. Ya Giotto y Orcagna han utilizado este recurso; sin embargo, en éstos se trata de una construcción flotante, irreal. En Masaccio la incorporación plástica del escenario arquitectónico es totalmente coherente. No es un artificio significativo pero aislado, como en el caso de sus predecesores, sino que es otra consecuencia del nuevo lenguaje que, fundamentalmente a través de los hallazgos en el campo de la *perspectiva* realizados por Filippo Brunelleschi, va impregnando el arte florentino del primer tercio del *Quattrocento*.

Por los mismos años toda la energía del *homus novus* queda admirablemente representada en la escultura—inigualada en todo el Renacimiento, salvo en algunas obras de Miguel Ángel—de Donatello. Rompiendo definitivamente con la estilística gótica, a la que Nanni di Banco, a pesar del excepcional grupo escultórico *Los cuatro Santos Coronados* (1408), todavía permanece aferrado. Donatello resume, quizá mejor que ningún otro artista florentino, la función unificadora y simbólica que el Renacimiento da a la figura humana. Por supuesto que en Donatello es fundamental la reincorporación artística de la Antigüedad: mas, a diferencia de Lorenzo Ghiberti, obsesionado por la reproducción de la estatuaria romana, aquél se aleja de cualquier tentación imitativa. Donatello ya no es «gótico», pero tampoco pretende seguir una estricta normativa «clásica». Lejos de academicismos, en su dilatada obra busca las distintas formulaciones de una estética basada en un nuevo lenguaje figurativo. Tan capaz es de tallar las formas efébicas—aunque siempre provistas de vigor—de los dos *David* (1409 y 1450-1452), como las solemnes de los profetas *Jeremías* (1423-1426) y *Abacuc* (1427-1436), o las guerreras del monumento *Gattamelata* (1448). Tan pronto se inclina por la serenidad de un *San Jorge* (1415-1417) como por las expresiones desgarradas de la cabeza de Holofernes—en el grupo *Judith y Holofernes* (1456)—y de *María Magdalena* (1458). Con Donatello la escultura renacentista alcanza prontamente su madurez lingüística. Bajo su cincel el minucioso estudio anatómico tiene el mismo valor que la búsqueda de la acción, la corporeidad y la individualización. Mas, a diferencia de algunos de sus contemporáneos, como Michelozzo di Bartolomeo o Luca della Robbia, se halla escasamente preocupado por la consecución de los cánones clásicos. La *expresividad*, por encima de la perfección ataráxica, ocupa el centro de su atención, inaugurando un itinerario que luego reemprenderán Verrocchio, Antonio Pollaiuolo y Miguel Ángel.

III

ARQUITECTURA DE LAS EMOCIONES

El lenguaje artístico del *Quattrocento* es, desde un principio, decididamente expresionista. Cualquiera de las obras citadas de Donatello confirma esta afirmación. Ello no es menos evidente en la pintura de Masaccio. Si comparamos el *Adán y Eva* de la Capella Brancacci con cualquier anterior obra de la pintura italiana, se hace evidente el cambio substancial en el tratamiento no sólo de las anatomías—con la explícita introducción del desnudo—, sino también de los rasgos faciales. El entero trazado de los cuerpos, llenos de fuerza y de movimiento, demuestra, como otras obras de Masaccio, la nueva andadura del arte toscano; sin embargo, de un modo más espectacular, el rostro de Eva se manifiesta como uno de los hitos más revolucionarios de la historia de la pintura. En aquél, Masaccio no únicamente se aleja de las concepciones pictóricas anteriores, sino que, incluso marca distancias respecto al artista contemporáneo que le es estéticamente más próximo, Masolino da Panicale. En el fresco de este último sobre el mismo tema—para la misma capilla y en el mismo período (1423-1428)—, si bien el tratamiento corporal es ya quattrocentista, los rostros continúan afectados por el estatismo del *Trecento*. Frente a esto, el rostro de Eva pintado por Masaccio es totalmente «moderno»; a través de la contracción desgarrada de sus facciones la representación física sirve para explicitar las fuerzas interiores. *El cuerpo humano ha dejado de ser un motivo alegórico-abstracto para convertirse en una expresión de la interioridad.*

Ésta es una de las claves del *Quattrocento*: en el cuerpo como símbolo de una nueva unidad, en la figura del *homus novus*, convergen, en equilibrio, tanto los flujos exteriores como los interiores. Fuera de sí, en la realidad, el artista capta la imagen de la naturaleza; dentro de sí, en su emotividad, la imagen de su espíritu. Y ambas imágenes se superponen, se contradicen y se concretan en la obra de arte. Las diferentes tendencias e investigaciones del Renacimiento—con hallazgos obviamente distintos en consonancia con los variados gustos y puntos de interés—tienen en común una representación de la anatomía humana como una *arquitectura de las emociones*. El tronco estético más vivo y más fructífero—que es, en definitiva, el que otorga marchamo a una época—del arte renacentista es naturalista, frente al abstraccionismo medieval y a la estilización gótica, pero también es expresionista, en contraste con una concepción meramente mimética de la realidad. Por ello, en la especificidad quattrocentista, en la representación del hombre como una arquitectura de las emociones, confluyen tanto el estudio científico de la naturaleza como el estudio de la estructura psicológica del ser humano. Y no en vano, sino consecuentemente con esta búsqueda específica, es Leonardo da Vinci quien de una manera más universal representa la culminación y la síntesis de las distintas aspiraciones del Renacimiento.

Desde este punto de vista es incierta una de las más habituales diferenciaciones del Renacimiento que distingue una fase esencialmente naturalista y otra, posterior, idealista y particularmente atenta a la psicología individual. Tampoco parece satisfactoria aquella otra que hace sucesivos un período realista y otro clásico-heroico. En general estas periodizaciones exageran la preponderancia del Humanismo en el arte o, cuando menos, oscurecen las contradic-

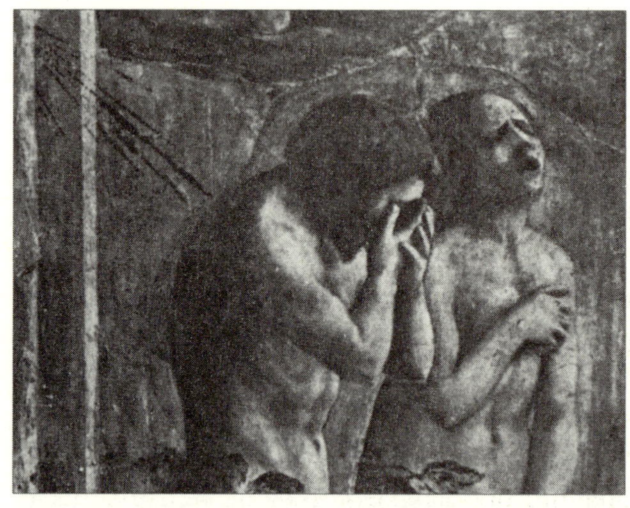

Masaccio, *Adán y Eva expulsados del Paraíso* (detalle), 1424-1428.

ciones que, dentro de una cierta homogeneidad ontológica, alberga aquél. Los logros, cronológicamente tempranos, de Masaccio y Donatello, independientemente de las distintas orientaciones que después, a mediados de siglo, puedan emprender un Piero della Francesca o un Andrea del Castagno, o, ya a finales, un Verrocchio o un Botticelli, demuestran que a principios del *Quattrocento* se configuran, *in nuce*, las diversas formulaciones lingüísticas que dan unidad—y contradictoriedad—a la estética del Renacimiento. Naturalismo e idealismo, realismo y clasicismo no definen períodos, sino que son componentes de un mismo itinerario que, poseyendo una fuerte identidad, es profundamente heterogéneo.

Y esta identidad reposa, desde luego, en la nueva definición del símbolo corporal. El cuerpo humano tiende a ser considerado como el «*signo universal*» por excelencia. Su belleza física es el núcleo en el que se manifiestan las bellezas de la naturaleza y del espíritu. Frente a una interpretación exclusivamente espiritualista de su doctrina, el propio Marsilio Ficino, el gran apóstol del platonismo florentino, se halla convencido de ello cuando escribe que «el amor apasionado por la belleza física y moral de las personas (es propio) de la familia platónica». Para los seguidores de la Academia de Careggi—y para la mayoría de los humanistas, aun los no platónicos—la figura humana es la estructura visible de la armonía. Y lo que es todavía más importante desde el punto de vista artístico: las proporciones anatómicas son moldeadas por la acción de las «almas», tanto de aquella universal que rige la naturaleza (*anima mundi*) como de aquellas otras, individuales, que impulsan la actividad psíquica de los hombres.

Las «teorías del arte» del *Quattrocento*, a pesar de que no dejan de entrar en conflicto con el pensamiento platonizante que domina la cultura de Florencia, llegan, respecto al problema del símbolo corporal, a conclusiones muy semejantes: la anatomía humana alcanza su perfección representativa cuando es capaz de integrar y manifestar los movimientos del espíritu.

En este sentido, Leon Battista Alberti escribe:

> Los movimientos del alma deben ser reconocidos a través de los movimientos del cuerpo [...] Nosotros, pintores, deseamos mostrar los movimientos espirituales a partir de los movimientos de los miembros del cuerpo [*De pictura*].

Refiriéndonos a la danza, en su *Trattato dell'arte del ballo* (*c.* 1470), Guglielmo Ebreo se expresa en la misma dirección: «La danza es una acción demostrativa del movimiento espiritual» (conformada a través de la armonía sensitiva). Leonardo da Vinci, aun criticando la cualificación científica de la «fisiognomía» defendida por Alberti y Pollaiuolo—en consonancia con algunos artistas flamencos y alemanes—, fundamenta en principios parecidos su «teoría de la expresión»: «El buen pintor debe pintar principalmente dos cosas: el hombre y las ideas de la mente del hombre» (*Trattato*). Y, precisamente, si un problema se encuentra en un permanente primer plano a lo largo de las numerosas anotaciones leonardianas, éste es el de la manifestación figurativa de las emociones, de las ideas, de los sentimientos.

En los años conclusivos del *Quattrocento*, con una lógica que es coherente con el camino iniciado por Masaccio, la maestría pictórica debe homologarse a la capacidad del artista por representar símbolos corporales que sean totalizadores, individualizadores e identificadores; figuras que integren el triángulo analógico formado por naturaleza, cuerpo y mente. Éste es uno de los grandes logros plásticos de Sandro Botticelli, el cual, persiguiendo una representación anatómica que sea al mismo tiempo un complejo estudio psicológico, consigue con el *San Agustín* de Ognissanti (1480) una de las obras más notables de todo el Renacimiento. Y también, por supuesto, para Leonardo—quien anota que «uno de los grandes errores de los pintores es hacer rostros parecidos unos a otros, y es un gran vicio repetir las actitudes»—mostrar la *arquitectura de las emociones* es el objetivo principal—y el que, a través de los siglos, más nos fascina—de su pintura.

IV

VARIACIONES SOBRE EL TEMA DE LA ARMONÍA

El arte del Renacimiento, desde Donatello y Masaccio hasta Leonardo, Rafael y el primer Miguel Ángel—el anterior al *Juicio Final* de la Capilla Sixtina—, sin abandonar el principio realista que lo nutre, persigue demostrar la nueva complejidad y la nueva idealidad del hombre. En este sentido corre paralelo—pero no necesariamente dependiente—de la formulación antropocéntrica que está en la base de la cultura humanista. El hombre como *alter deus* de los humanistas tiene su equivalencia plástica en la transformación figurativa de la anatomía humana; la cual se realiza tanto a partir de la naturaleza como a partir de la «idea»—es decir, según Alberti, de lo «concebido mentalmente»—. Precisamente la gran riqueza de la imagen renacentista deriva de la permanente tensión entre la búsqueda de lo natural y la búsqueda de una nueva idealidad, entre la confianza en la experiencia y la percepción expresionista de los dictados anímicos, entre la mímesis y la inspiración. El cuerpo, la visualización artística del *alter deus*, se convierte en una síntesis de naturaleza y de psique, de energía y de contemplación, de objeto científico (anatómico) y de sujeto moral.

En una de las investigaciones más insistentes de los artistas quattrocentistas, la *teoría de las proporciones* (del cuerpo humano), puede percibirse con claridad el carácter apremiante que para ellos posee la consecución de aquella síntesis. En la representación de las proporciones anatómicas exactas se aúnan tres anhelos: la plasmación del «modelo natural», la posibilidad de un estatuto científico—matemático para la pintura—y, finalmente, la consumación estética de la «idea», de la armonía, de la perfección físico-moral.

Alberti, apasionado estudioso de los Antiguos y especialmente de Vitruvio, es probablemente el artista del *Quattrocento* más preocupado por obtener una normativa «clásica» para el arte. En su opinión el principio de la belleza debe perseguir, por encima de los juicios y de los gustos, unas leyes inmutables:

Muchos dicen que nuestras ideas de la belleza [...] son falsas, manteniendo que las formas [...] varían y cambian según el gusto de cada individuo y no dependen de ninguna ley artística. *Es un común error de ignorancia mantener que no existe lo que no se conoce*. [*De re ædificatoria*].

Esta última frase contiene el núcleo de la estética albertiana: la «idea», que no es conocida por la experiencia, sino dictada por el raciocinio, es el elemento fundamental y prioritario del arte. Es curioso comprobar cómo Alberti, que es un decidido defensor del «retorno a la naturaleza» y un adepto de la teoría aristotélica de la imitación—por la que lo «típico» guía a lo bello—, concluye sus razonamientos de un modo esencialmente platónico. En *De pictura* señala:

Debemos obtener aquellas partes particularmente apreciadas de todos los cuerpos bellos [...] lo cual será difícil porque la belleza perfecta nunca se encontrará en un solo cuerpo, sino esparcida y dispersa en muchos cuerpos diferentes.

Más tarde, en *De statua*, puntualiza:

Nos encontramos con el problema de establecer las principales medidas del hombre. No podemos, sin embargo, escoger este o este otro único cuerpo, sino que debemos intentar anotar y establecer, como si fueran calculadas porciones, la superior belleza que se halla esparcida entre muchos cuerpos.

Para Alberti, pues, la recurrencia a la teoría de las proporciones—a la matemática, a la antropometría, es decir, a la «ciencia»—, sirve en un primer proceso para determinar la exactitud del «modelo natural», para luego, y como objetivo básico, contribuir a alcanzar la «idea» de belleza perfecta. Como se comprueba en los párrafos anteriores, Alberti no hace antagónicos, sino consecuentes, la doctrina aristotélica de la mímesis y la «escalera platónica» que parte de la belleza sensitiva y concluye en la conceptual. Y, de hecho, en la práctica, el propio artista es consecuente con sus opiniones cuando, cada vez de un modo más frecuente a medida que avanza su vida, prefiere los proyectos a las realizaciones. O cuando, al aceptar convertir sus teorías en obras, se niega terminantemente a que se realice la menor modificación de lo que él ha preconcebido. No en vano Alberti dedica denodados esfuerzos a conseguir las proporciones perfectas—inmutables, secretas, «divinas»—tanto de los cuerpos como de los edificios y es el artista del *Quattrocento* que más insiste en la existencia de un *numero d'oro* y de una *sectio aurea* que, poseídos ocultamente por los Antiguos, eran la piedra angular de la grandeza grecorromana. Y ante ciertas demandas de alteración hechas por Matteo de' Pasti a propósito del Templo Malatestiano de Rímini (1450), el artista hace hincapié en la misteriosa inalterabilidad de su diseño: «en las medidas y proporciones de las pilastras tú ves *donde ellas esconden*».

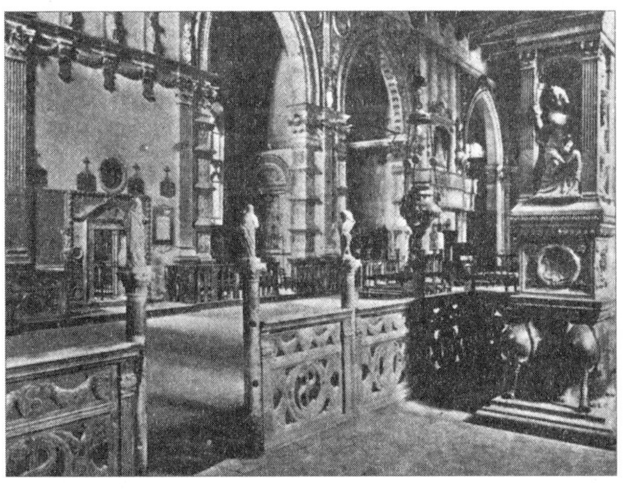

L. B. Alberti, Templo Malatestiano, Rímini, 1450.

Piero della Francesca, al insistir en el triple objetivo de la «teoría de las proporciones»—exactitud natural, fundamentación científica del arte y perfección—, llega a conclusiones más radicales que Alberti. Piero della Francesca participa del gran sueño renacentista: la fusión de los principios estético y científico bajo el común denominador de la belleza perfecta de los cosmos, tanto del «macrocosmos» universal como de los «microcosmos» individuales. La astronomía renacentista, al menos desde el Cardenal de Cusa hasta Copérnico, otorga al juicio científico una base eminentemente estética: el ansia de la perfección geométrica absoluta del cosmos entraña el anhelo de la belleza ideal. A la inversa, aunque persiguiendo el mismo deseo, cuando Piero della Francesca concibe matemáticamente al arte, también cree identificar en las formas geométricas las raíces últimas de la belleza. Y así, en el tratado *De quinque corporibus regularibus* (inacabado, publicado por Pacioli en 1509), sostiene que todas las formas corporales del mundo pueden, en última instancia, reducirse a cinco cuerpos geométricos: el cubo, la pirámide, el octaedro, el dodecaedro y el icosaedro. El camino es distinto al de Alberti, mas la conclusión es muy semejante: tampoco Piero della Francesca renuncia a la mímesis realista, pero, al igual que aquél, investigando los principios inmutables de la belleza se aproxima a las tradiciones pitagórica y platónica. La imagen del cuerpo humano se alimenta tanto de la imagen que le proporciona la naturaleza cuanto de la imagen ideal que el hombre forja de sí mismo mediante su voluntad de belleza absoluta.

Según se desprende de sus escritos, en Leonardo da Vinci la búsqueda de las proporciones adecuadas para el cuerpo humano varía en un aspecto importante en relación con las teorías de Alberti y Piero della Francesca. A diferencia de éstos, Leonardo no parece directamente preocupado por hallar los principios inmutables de la belleza, sino, al contrario, por investigar aquellos otros que reflejen la continua mutabilidad de las emociones. Leonardo pone más énfasis que sus predecesores en el carácter prioritario de la «imitación de la naturaleza» y en la observación directa de los fenómenos—«una pintura es tanto más digna de alabanza cuanto más exactamente acorde sea con la cosa imitada» (*Trattato*)—; y, al menos, tanta como ellos en el carácter científico del proceso artístico. Sin embargo, para él, el objetivo privilegiado del arte es la expresión de los caracteres individuales.

De acuerdo con esta tesis, Leonardo ataca repetidamente la intención albertiana de hallar un canon único de la belleza, en el que cree adivinar un empobrecedor academicismo y un peligroso retorno al abstraccionismo escolástico. Frente al canon único, la multiplicidad de cánones individuales se halla más de acuerdo con la relevancia que Leonardo atribuye a la experiencia y a la expresividad. Y ello encuentra su mejor testimonio en la circunstancia de que el legado leonardiano es mayoritariamente una inmensa y desordenada colección de *studios* experimentales y esbozos sobre las distintas posibilidades de la expresión del hombre y de la naturaleza. Sin embargo, no deja de resultar sorprendente, para quien ataca la noción del canon único, que en toda la pintura de Leonardo—cuya relación con el platonismo florentino es contradictoria pero profunda—subyazca la misteriosa búsqueda de un sobresaliente modelo de expresión. Contemplando el famoso rostro sobre el que insistentemente Leonardo vuelve a lo largo de toda su vida (*La Virgen de las rocas* [1483-1490], *La Virgen y Santa Ana* [1499], *La Gioconda* [1503], *San-*

ta Ana con la Virgen y el Niño [1508-1510], *San Juan Bautista* [1509-1512]), es difícil no concluir que también aquél, a pesar de sus manifestaciones, no se halla poseído por el deseo de encontrar la «forma perfecta de la belleza». Y que donde Alberti se esfuerza por determinar lo absoluto a través de correspondencias algebraicas y Piero della Francesca a través de figuras geométricas, Leonardo trata de conseguirlo mediante un modelo de expresión que por su fascinación inquietante resultará único e imperecedero.

En realidad, en Leonardo da Vinci, se resume la transformación de la idealidad anatómica del *Quattrocento.* El símbolo corporal eminentemente renacentista—que es el eje antropocéntrico que vertebra todo el arte de la época—es *el fruto de la tensión entre el «modelo natural», conocido a partir de la experiencia, el deseo intelectual de la «belleza perfecta» y la percepción expresionista del «alma individual».* La armonía, máximo anhelo de los artistas situados entre Brunelleschi y Rafael, se basa en el equilibrio de estos tres componentes. Ni el *Trecento* —a pesar de las intuiciones geniales de Giotto— ni, por supuesto, el *Duecento*, participan todavía de esta concepción estética. Tampoco el *Cin-*

quecento, especialmente tras la muerte de Rafael (1520) y los cambios profundos que modifican la trayectoria artística de Miguel Ángel (en 1520-1530), se mantendrá fiel a aquel equilibrio dialéctico. De hecho, el *Cinquecento* destruye los componentes estéticos quattrocentistas. Por un lado, renuncia tanto al «modelo natural» como a la «belleza perfecta»—y, consecuentemente, a las experimentaciones científico-matemáticas—que derivan de aquéllas; por otro lado, el «expresionismo», que en apariencia es su elemento preponderante, en especial por parte de los «manieristas», al ser privado de sus contrapuntos, acaba vaciándose, en muchos casos, en un laberinto de formas huecas y desordenadas.

El caso de Miguel Ángel es ilustrativo. Aunque es absurda la calificación de «manierista», pues las raíces del artista son todavía demasiado «florentinas» y demasiado «quattrocentistas» para ello, sí es cierto que en la actitud estética del segundo Miguel Ángel se presentan ya los síntomas de lo que será el arte posterior. Baste comparar algunas obras esenciales que, realizadas en períodos distintos, son comunes por su tema—la Virgen y Cristo—o por su lugar de ejecución—la Capilla Sixtina—. Entre las *Pietà Pa-*

lestrina y *Pietà Rondanini*—esculpidas ambas en los últimos años de la vida del artista—y la de San Pedro de Roma (1498), los cambios estéticos son evidentes y reflejan tanto la variación espiritual del artista cuanto los signos de una época que ya ha roto definitivamente con la civilización proveniente del siglo anterior. La *Pietà* de Roma todavía guarda—y en términos supremos—el equilibrio quattrocentista. Las otras muestran cómo este equilibrio se ha roto bajo el impulso de un expresionismo desgarrado, violento y místico. Sintomático es también el diferente tratamiento anatómico de las figuras en los frescos del techo de la Capilla Sixtina (1508-1512) y en los del *Juicio Final*, para el muro del altar de la misma capilla (1536-1541). En los primeros los cuerpos son moldeados según el criterio, heredado del *Quattrocento*, de la unidad físico-moral de la belleza; en los segundos esta unidad queda parcialmente destruida en el intento del artista de renunciar al componente sensitivo de la belleza.

Con la pérdida de esta unidad se configura la desantropomorfización de la figura humana en el arte y, por tanto, el abandono del núcleo estético mismo del *Quattrocento*.

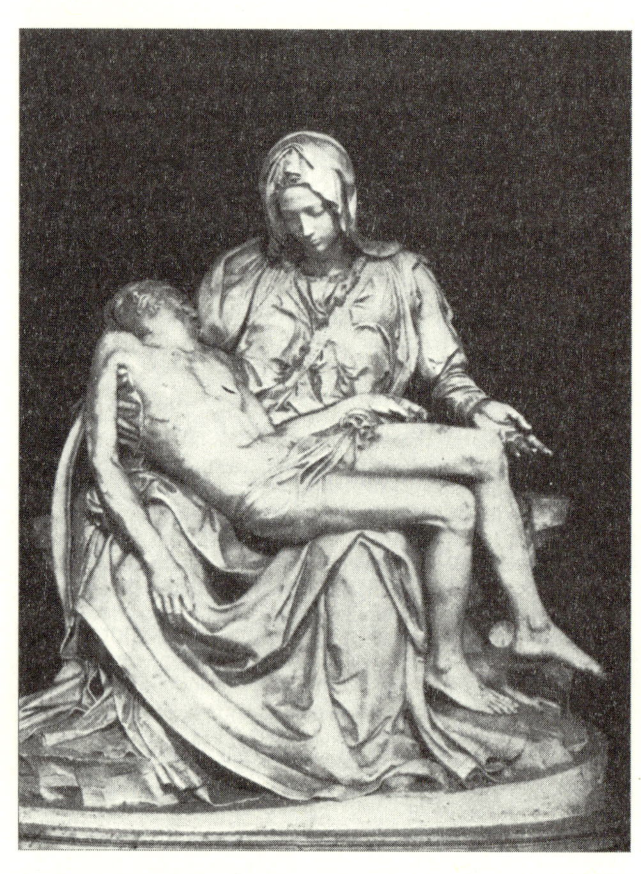

Miguel Ángel, *Pietà*, Roma, 1498.

V
LA «TERRENIZACIÓN» DEL CIELO

Amé siempre, aún amo fuertemente
y estoy por amar más día tras día
aquel dulce hogar al que llorando vuelvo
tantas veces cuando Amor me angustia.
Y me propongo amar el tiempo y la hora
que todo vil cuidado me quitaron de entorno,
y más aquélla cuyo bello rostro adornado
de buen obrar con sus ejemplos me enamora.
¿Mas quién pensó jamás ver todos juntos,
para asaltarme el corazón de un lado y otro,
estos dulces enemigos que tanto amo?
¡Amor, con cuánto esfuerzo me vences hoy!
Si no fuera que con el deseo crece la esperanza,
muerto caería, cuando más vivir anhelo.

FRANCESCO PETRARCA

El gran descubrimiento del *Quattrocento* estriba, pues, en concebir la belleza, en su unidad material e ideal, como una conjugación de las fuerzas de la sensualidad y de la abstracción. La confianza en la expresión sensorial del arte renacentista no tiene precedente si no es remontándose a la Antigüedad; pero esta confianza—contrariamente a lo que sucederá con el arte barroco—siempre se halla cimentada por la búsqueda, esencialmente intelectual-abstracta, de una nueva idealidad de la belleza. Frente a las escisiones medievales y a las que, otra vez, surgirán en el clima espiritual de la Contrarreforma y de la Reforma, *la idealidad quattrocentista está basada en la unidad ontológica y estética de la belleza, el amor y la verdad.*

La afirmación de esta unidad en la poesía occidental es, posiblemente, más compleja y menos lineal que en las artes visuales. El canon trovadoresco—verosímilmente de origen árabe—del «culto a la mujer amada», que todavía se prolonga a través de la corte de Federico II, es, en sus inicios, predominantemente sensual. En Guittone d'Arezzo el amor tiene tres manifestaciones distintas: la sensual, la ideal y la religiosa. No obstante, cuando la poesía italiana—tras el rudimentario lenguaje de Guittone—adquiere los suficientes vigor y refinamiento verbales con el *dolce stil novo* de los Guinizelli, Cavalcanti, Cino da Pistoia…, su doctrina del amor es esencialmente espiritualista y subjetivista. El propio Dante, contradictorio pero indiscutible anunciador de los nuevos tiempos, es extraordinariamente complejo en su concepción del amor y de la belleza. En la *Vita Nuova*, así como en la mayoría de sus poesías juveniles, el poeta se halla fuertemente influenciado por los ideales trovadorescos. Las *Canciones para Madonna Pietra* son de una acusada sensualidad y «terrenidad». Por el contrario, en el *Convivio*, extremando las teorías del *dolce stil novo* mediante un platonismo radical, el amor viene identificado a la sabiduría. Por fin en la *Commedia*, si bien a través de la figura simbólica de Beatriz, el amor es conceptual y la belleza es espiritual. Dante en algunos episodios, como el de Paolo Malatesta y Francesca de Rímini, no se desvincula totalmente de las formas terrenas de la pasión.

Sin embargo, el verdadero iniciador y sustentador del concepto renacentista del amor y de la belleza—que a través de Poliziano y Lorenzo de Médici culminará en Ariosto y en Castiglione—es Francesco Petrarca. En éste el amor, lo mismo que la belleza, deja de ser simbólico. Tampoco es exclusivamente subjetivo: «¡Quisiera Dios que ella no fuese más que una criatura de mi espíritu! Laura es una mujer de carne y hueso que yo, desgraciadamente, amo». La nueva filosofía del amor que defiende Petrarca postula la convergencia, en la persona amada y en la belleza deseada, de fuerzas naturales y de fuerzas sobrenaturales, de componentes físico-sensoriales y de otros que proceden de la especulación subjetiva. Se ha dicho repetidamente que, tras el predominio teocrático en la civilización occidental, Petrarca es el primer poeta que «retorna a la tierra». Más justo sería decir que lo que hace Petrarca, como luego hará el antropocentrismo quattrocentista, es «incrustar» el cielo en la tierra: es decir, no renunciar a la idealidad, sino *crear una nueva idealidad en la que la belleza de las formas espirituales germinara y adquiriera su esplendor en la belleza de los cuerpos.*

Esta transformación, esta «terrenización» del cielo se hace espectacularmente evidente en las artes visuales. No cabe ninguna duda de que la mayor revolución iconológica del Renacimiento es la *estilización* de las religiones, tanto de la grecorromana como de la judeocristiana. Dioses, héroes, vírgenes, apóstoles, profetas, santos... se convierten en *símbolos de belleza*. El Renacimiento *no* abandona la mitología de raíz cristiana (y bíblica), en favor de un retorno a las formas mitológicas de la Antigüedad, como creían algunos de los intérpretes del siglo XIX. Una simple ojeada a la pintura y escultura renacentistas, en las que los temas y los protagonistas de la tradición cristiana se representan constantemente, sirve para desmentir esta teoría. Por otro lado, en la actualidad está suficientemente probado que el arte de la Edad Media no desconoció, sino que reflejó con abundancia, formas iconológicas basadas en la mitología antigua. Lo que en realidad hacen los artistas renacentistas, en una operación que demuestra la especificidad «italomediterránea» del *Quattrocento*, es cambiar y fusionar el contenido simbólico de ambas tradiciones iconológicas. Frente a los trascendentalismos bizantino y gótico, la representación visual de la belleza se convierte en el objetivo prioritario. Y cuando, en la coronación histórica del arte renacentista, Rafael en los frescos de la Stanza della Segnatura (1508-1511) reúne en un mismo conjunto a la Teología, a la Filosofía Pagana, a la Poesía y a la Justicia, el cielo y la tierra, lo sobrenatural y lo natural, la verdad y la belleza confirman su fusión y su unidad.

Desde los inicios del *Quattrocento* en el culto a la belleza física, concretada en los nuevos ideales masculinos y femeninos, no debe verse, pues, únicamente una exaltación de la belleza moral, sino también del amor y de la verdad. La aparición plena y desinhibida del desnudo tiene, a este respecto, una capital importancia, pues permite una detallada investigación de la anatomía corporal. Junto a él, el tratamiento, también nuevo, de los ropajes—muchas veces únicamente velos que descubren y realzan la semidesnudez de las figuras—sirve a los artistas renacentistas para poner de evidencia la importancia del relieve y del movimiento. Por fin, el estudio de la morfología de los rostros contribuye eficazmente a destruir el hieratismo del arte anterior y a crear las nuevas formas de la expresividad.

No hay duda de que la reconquista del desnudo tiene mucho que ver con la mirada retrospectiva hacia la Antigüedad propiciada, desde Petrarca, por el movimiento humanista. En el arte tardogótico, por ejemplo en la Porta della Mandorla florentina, empieza a resurgir lentamente. Sin embargo, es en las primeras décadas del siglo XV, de la mano de Masaccio, cuando adquiere una posición de primera importancia. Aquél, además de en la ya aludida y fundamental *Expulsión de Adán y Eva del Paraíso*, lo utiliza en diversas ocasiones. Parcialmente en la figura invertida del apóstol en *El Martirio de San Pedro* (1424-1428); totalmente en la figura arrodillada que ocupa la posición central de *La Resurrección del hijo de Teófilo* (1424-1428). Masaccio es asimismo el responsable de la inflexión—hacia la corporeidad y la sensualidad—en la representación artística de la figura semidesnuda de Cristo crucificado. Es cierto que la disolución de los lenguajes bizantino y gótico en el tratamiento del tema de la «Crucifixión» es un problema de larga gestación en el arte italiano. Hitos importantes en esta disolución y en la prefiguración de las formas futuras son las obras de Cimabue en San Domenico de Arezzo (1270-1275), de Duccio en el Duomo de Siena (1308-1312), de Giotto en la Capilla Arena de Padua (1305-1306) y, ya a principios del *Quattrocento*, la de Lorenzo Monaco en Santa Maria delle Vertighe de Monte San Savino (1410-1415). Pero hay que llegar a Masaccio para que el cuerpo crucificado de Cristo, quizás el punto de referencia más seguro para seguir la evolución del arte occidental, adquiera su presentación plenamente renacentista. Tanto en la *Crucifixión* (de 1426-1428, actualmente en el Museo di Capodimonte en Nápoles) como en *La Trinidad* de Santa Maria Novella (probablemente también de los últimos años de la vida del pintor), Masaccio representa la imagen de Cristo con la energía, el volumen y la minuciosidad anatómica que ya anticipa las grandes obras maestras, sobre el mismo tema, de Andrea del Castagno, Signorelli o Rafael.

A partir de Masaccio el libre ejercicio de la representación física toma carta de naturaleza en la pintura italiana del *Quattrocento*. Ello ya es evidente en la generación que corresponde a los de-

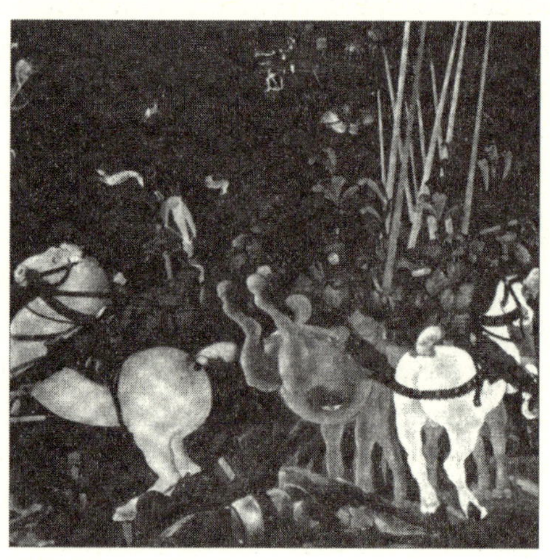

Paolo Uccello, *La batalla de San Romano*, 1454-1458.

cenios intermedios del siglo. La pintura de Andrea del Castagno es una continua exaltación de la juventud y de la hermosura del vigor. Paolo Uccello, en sus tres variaciones sobre *La batalla de San Romano* (1454-1458) y en las *Escenas de caza* (1460), estudia a fondo los problemas del movimiento de los cuerpos. Filippo Lippi da un singular tratamiento «profano» a los temas tradicionales del arte cristiano y en algunas obras, como *El banquete de Herodes* (1465), anticipa el erotismo botticelliano. Piero della Francesca, bajo el solemne estatismo y la aparente frialdad de su búsqueda formal, logra establecer un raro equilibrio entre sensualidad y abstracción. Los escultores-pintores Antonio Pollaiuolo y Verrocchio sientan las bases de la plena madurez renacentista. De manera que puede decirse que en los artistas de esta generación intermedia se perfilan decisivamente los *arquetipos quattrocentistas de la belleza*—arquetipos corporales en los que se manifiesta la tensión entre naturalismo y abstracción, entre idealidad y expresionismo—que hallarán su forma definitiva en manos de Botticelli, Piero di Cosimo, Signorelli, Leonardo, Rafael y Miguel Ángel.

La primera dualidad arquetípica del *Quattrocento* es el fruto de la contradicción entre la búsqueda de una idealidad heroico-clásica y la necesidad de expresar los movimientos internos del alma. Tradicionalmente se ha atribuido a Rafael la culminación renacentista de la primera y a Miguel Ángel la de la segunda; también la distinción de tres períodos sucesivos en el *Quattrocento*—naturalista, clásico y expresionista—ha tendido a separar ambos lenguajes. En realidad, a lo largo de todo el siglo XV, la idealidad ataráxica y el expresionismo se manifiestan simultáneamente a través de una contradictoria unicidad.

Es el mismo Donatello quien esculpe las figuras, llenas de vigorosa serenidad, de *San Jorge* (1415-1417) y de los profetas *Jeremías* (1423-1426) y *Habacuc* (1427-1436), y la terriblemente desgarrada de *María Magdalena*. Es el mismo Donatello quien moldea el rostro grácil de *David* (1449-1452) y, sólo unos años más tarde (*c.* 1458-1460), en *El descendimiento de la Cruz* de San Lorenzo de Florencia crea un conjunto de extraordinario dramatismo en el que una de las mujeres se arranca los cabellos como si estuviera poseída por el furor de las ménades. Domenico Veneziano puede simultanear la apacibilidad de *La adoración de los Magos* (1435-1450) con la *terribilità* expresionista de la figura de mujer que ocupa el centro de *Un milagro de san Cenobio* (1444-1448), y Andrea del Castagno el rostro patéticamente contraído de San Jerónimo (1454-1455) con la viril tranquilidad del retrato de *Pippo Spano* (1450-1457). Antonio Pollaiuolo cincela tanto la impasibilidad de *Inocencio VIII* (*c.* 1490) como el violento sufrimiento de Anteo en el grupo *Hércules sofocando a Anteo* (1465-1470). En un ambiente escultórico dominado por el «clasicismo» de Desiderio da Settignano, Mino de Fiesole y Benedetto da Maiano, Niccolò dell'Arca en la *Lamentación sobre la muerte de Cristo* de Santa Maria della Vita (1463) crea la figura de una mujer absolutamente convulsionada por un doloroso arrebato. El virulento Botticelli del *Castigo de Coré, Datán y Abirón* (1482), *Nastagio degli Onesti* (atribuido, 1483) y *La Pietà* (1496) es bien conocido por la exquisita serenidad que ha hecho famosos sus rostros. Y aun el propio Rafael, árbitro del «clasicismo» renacentista, no escapa en *La transfiguración* (1519) a la

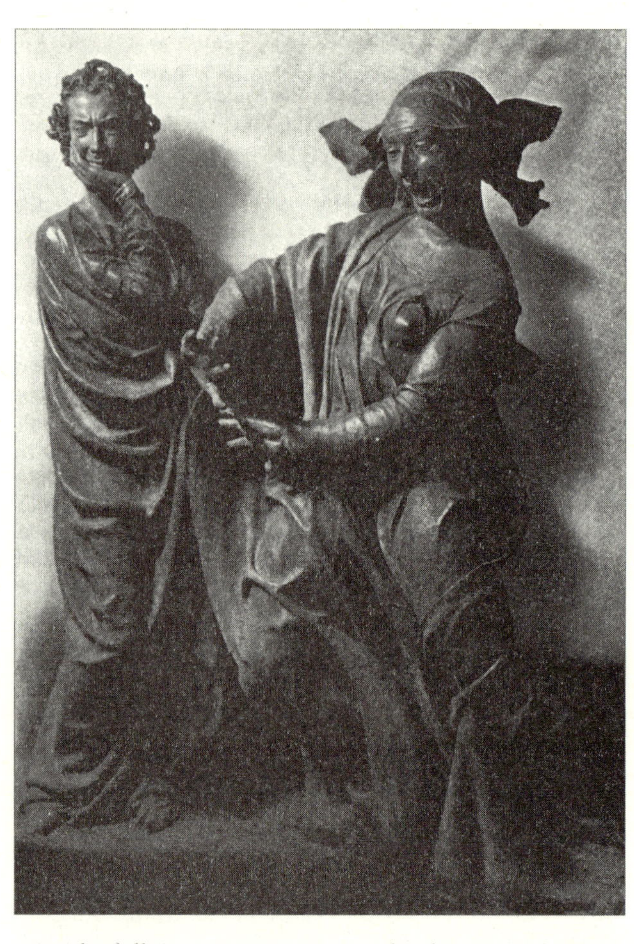

Niccolò dell'Arca, *Lamentación sobre la muerte de Cristo* (detalle), 1463.

tentación de mostrar el desequilibrio expresionista de las emociones.

Está lejos de la verdad, pues, que el expresionismo renacentista se desarrolle en el *Cinquecento*. Ni tan sólo es cierto que se inicie a finales del siglo XV, con la crisis cultural de Florencia y el paso del centro del poder artístico desde esta ciudad a Roma, Venecia y Milán. La búsqueda de lo que Leonardo llama *espressione*, lo mismo que la de una nueva idealidad heroica, es inherente a las diversas fases de desarrollo del arte quattrocentista y se halla perfectamente determinada en los artistas más representativos de la época.

EL GUERRERO Y EL EFEBO

En la pintura, pero sobre todo en los apuntes y esbozos que tanto prodiga, Leonardo da Vinci se muestra obsesionado por dos arquetipos figurativos que, siendo antagónicos, para él parecen ser complementarios. El «guerrero» y el «efebo» se alternan a lo largo de toda su vida como dos tipos simbólicos en los que se reflejan los paradigmas leonardianos del cuerpo humano. Tanto uno como otro poseen unas determinadas estructuras fisiognómicas y anatómicas. En el «guerrero» se destaca el vigor y la volumetría de los miembros; las dimensiones anatómicas aparecen muy marcadas, y los nervios y los músculos se hallan en estado de tensión. Los rasgos faciales tienden a indicar bien una situación de *furore*, bien una enérgica impasibilidad. En el «guerrero» se representa el ideal renacentista de la acción, del poder de la voluntad, de la furia que comporta el deseo de gloria, de la dignidad inherente a la grandeza. Su movimiento, su *animado*, aunque muchas veces se halla contenida bajo la apariencia de imperturbabilidad, sugiere una extraordinaria violencia espiritual. Los ejemplos leonardianos del «guerrero» son muy numerosos, especialmente en la colección de dibujos del Castillo de Windsor: *Cabeza de guerrero* (12504), *Torso de un hombre maduro* (12556), *Dios marino guiando un carro* (12570), etc. (*Catálogo de Kenneth Clark*).

La recurrencia leonardiana al «efebo» es mejor conocida, pues, además de repetirse en los dibujos, se constata en sus pinturas más famosas. Mientras el «guerrero» es, exclusivamente, un ideal de masculinidad, en el «efebo» hay una confluencia entre los ideales de ambos sexos. Su estructura anatómica es armónica y suave; su fisiognomía está caracterizada por una ambigua dulzura. Frente a las pasiones en acción simbolizadas en el «guerrero», el «efebo» es portador de una sensualidad relajada y grácil. Frente a la belleza de la energía, expresa la belleza de la contemplación. El «guerrero» indica la trágica violencia del hombre que busca un pensamiento superior; el «efebo», la atracción que en aquél provocan la delicadeza y el encanto. *San Juan Bautista* (1509-1512) es, posiblemente, el ejemplo más acabado del «efebo» leonardiano; su rostro, sin embargo, no es sino una variación de otros rostros masculinos y femeninos a través de los cuales Leonardo crea un modelo imperecedero.

Con todo, la dualidad arquetípica leonardiana no es sino una forma sobresaliente de la tensión quattrocentista entre la búsqueda de la expresión y la búsqueda de la idealidad. De hecho la correspondencia-contradicción entre el «guerrero» y el «efebo» es un motivo identificable en todo el arte del siglo XV. A la tipología del «guerrero» corresponden obras tan importantes como el *San Jorge* (1416) y el monumento *Gattamelata* (1447-1450) de Donatello, el *Retrato ecuestre de John Hawkwood* (1436) de Paolo Uccello, el *Retrato ecuestre de Tolentino* (1456) de Andrea del Castagno, el *Federigo da Montefeltre* (del *Triunfo de los Duques de Urbino*, 1464) de Piero della Francesca, el monumento a Colleoni (1480-1490) de Verrocchio, las «Escenas de Batalla» de Giovanni de Bertoldo (ant. 1490), la «Cabeza de Guerrero» (1490-1495) de Tullio Lombardo y las estatuas de Lorenzo y Juliano de Médici esculpidas por Miguel Ángel para coronar sus respectivos sepulcros (San Lorenzo de Florencia).

El acercamiento a la morfología del «efebo» está iluminado por tres de las obras más sublimes de todo el Renacimiento: los *David* de Donatello, Verrocchio y Miguel Ángel (1440-1450, 1473-1475, 1501-1504). Pero, además de en éstos, el tratamiento de aquel arquetipo se extiende a numerosísimas obras: «Tamborileros» (1430-1440) de Luca della Robbia, *San Juan Bautista en el desierto* (1445) de Domenico Veneziano, *El Arcángel y Tobías* (1467-1470) y *La batalla de los desnudos* (atribuido, 1470) de Antonio Pollaiuolo, el *Ángel músico* (1484) de Signorelli, el *Apolo* (ant. 1490) de Bertoldo di Giovanni, el *San Juan Bautista* (1490-1495) de Benedetto de Maiano, *El sueño del caballero* (1504)

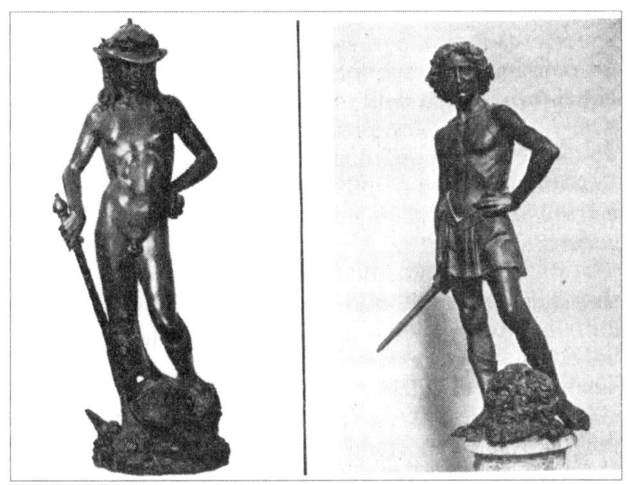

A la izquierda, *David* de Donatello, 1440-1450; a la derecha, de Verrocchio, 1473-1475.

de Rafael... con un largo etcétera que culmina en la increíble hermosura del *Esclavo agonizando* (1514-1515) que Miguel Ángel esculpe para el mausoleo del papa Julio II.

EL AMOR SENSUAL Y EL AMOR IDEAL

La búsqueda de la unidad entre belleza, amor y verdad origina uno de los problemas estéticos más interesantes del *Quattrocento*: el del conflicto y la conciliación entre el Amor sensual y el Amor ideal. Siguiendo la senda abierta por Petrarca, este tema se prolonga durante todo el arte del Renacimiento hasta que la negativa de Miguel Ángel, a partir del tercer decenio del *Cinquecento*, a continuar considerando necesaria aquella conciliación—como reflejo de su crisis personal, pero, en especial, del nuevo clima cultural de Italia—propicia la escisión entre las tendencias espiritualizantes, que tienen su primer centro de gravedad en Roma, y aquellas otras, fundamentalmente venecianas, que desarrollan un lenguaje figurativo y cromático alrededor de la sensualidad.

Uno de los índices más ilustrativos de la importancia otorgada a este problema puede observarse en los *Trionfi*, un género pictórico abundante en Italia desde finales del *Trecento*. En el *Triunfo del Amor, de la Castidad y de la Muerte* de Francesco Pesellino, tres escenas seriadas muestran los poderes sucesivos del Amor sensual, del Amor espiritual y de las fuerzas de la destrucción. Un Eros alado, montado en un carro tirado por caballos blancos, lanza su flecha en la primera escena. En la siguiente, Eros aparece vencido a los pies de una doncella que, verosímilmente inspirada en la Beatriz dantiana, representa la Sabiduría o la Verdad; el carro en el que marcha es, esta vez, impulsado por unicornios. Hacia las anteriores, avanza, en la última escena, un tercer carro guiado por bueyes negros y conducido por la Muerte. Éstos son los componentes iconológicos característicos de este «triunfo» a lo largo del *Quattrocento*, aunque en algunas ocasiones quede excluido el tercer componente. Éste es el caso de los «Triunfos del Amor y de la Castidad» de Jacopo del Sellaio y de Sandro Botticelli, conocido este último a través de unos grabados que se encuentran en el British Museum.

Una iconología todavía más explícita de la conflictividad entre ambos Amores se encuentra en los *Combate entre el Amor y la Castidad* (de Bartolomeo di Giovanni (atribuido) y de Luca Signorelli [*c.* 1509]). En el primero Eros lanza infructuosamente sus flechas contra el escudo de la doncella, que simboliza la Castidad. En la pintura de Signorelli, Eros aparece ya prendido y dominado por la Castidad. En los «*trionfi*», el Amor sensual, victorioso en un principio, sucumbe, luego, al poderío mayor de la sabiduría (Verdad o Amor ideal).

Desde luego no siempre se resuelve en este sentido la conflictividad entre ambos Amores. La apología del Amor sensual es explícita en muchas grandes obras del Renacimiento. No hay que insistir en que éste es el significado de uno de los cuadros más famosos de todo el *Quattrocento*: *El nacimiento de Venus* (*c.* 1482-1485) de Sandro Botticelli, el cual, sin abandonar el credo neoplatónico, insiste frecuentemente en esta dirección—apoyada en motivos mitológicos—hasta que la crisis espiritual que le afecta a fines de siglo le conduce hacia otros centros de interés. El cuadro de Signorelli *Educación de Pan* (1488), destruido en Berlín el año 1945, plantea con una simbología suficientemente clara el protagonismo de una sexualidad espontánea e instintiva. Y éste es también el caso de la alucinación báquica de Piero di Cosimo en *El Descubrimiento de la Miel* (1500), donde el predominio de lo onírico da un acento de surrealidad a la obra. Rafael también rinde tributo al Amor sensual en muchas ocasiones, entre las cuales no es posible omitir, como un ejemplo muy representativo, el excepcional fresco de *Galatea* (1514) en la Villa Farnesina de Roma.

No obstante, a pesar del conflicto y de los

triunfos parciales de uno y otro, la conciliación de ambos Amores constituye una de las grandes originalidades del *Quattrocento* y uno de los principios más ardientemente defendido por los humanistas. Es significativo, a este respecto, que al grabar Niccolò Fiorentino la medalla en honor del más brillante de todos ellos, Giovanni Pico della Mirandola, el motivo escogido sea el de las Tres Gracias y que sea la leyenda que los ilustre «*Amor, Pulchritudo, Voluptas*». A partir del uso filosófico de este elemento mitológico por parte de Alberti, el tema de las «Tres Gracias» es abundantemente utilizado, tanto en la literatura humanista como en las artes plásticas, a modo de nexo de reconciliación de la sensualidad y de la sabiduría bajo el principio metafísico de la belleza.

Ésta es la aspiración deducible de las dos grandes representaciones renacentistas de esta trinidad simbólica. Tanto en las «Tres Gracias» que Botticelli incorpora a su *Primavera* (1478) como en las del cuadro de Rafael (1502) no es arbitrario observar el intento de una síntesis figurativa entre los atributos del Amor sensual y del Amor ideal. Contemplando las líneas armoniosas de estas figuras, el sutil equilibrio entre espiritualidad y carnalidad, la suavidad de su configuración anatómica y el refinamiento de su expresión facial, contemplando la delicadeza de una danza que sabe excluir todo estatismo y toda convulsión, es difícil sustraerse a la impresión de que, indiscutiblemente, el cuerpo humano, símbolo central del Renacimiento, ha alcanzado toda su madurez representativa y ha logrado integrar la tensión de las fuerzas antagónicas en la pasión única de la belleza.

VI
RETORNOS A LA NATURALEZA

> Por qué la cima del monte resplandece la mitad o el tercio de la noche, y por qué, tras el crepúsculo, parece un cometa a los hombres del poniente, pero a los del oriente antes del alba. Por qué parece de forma mudable el tal cometa, de suerte que es ya redondo, ya alargado, ya en dos o tres partes dividido; cuándo es uno, o se pierde o se revela.
>
> LEONARDO DA VINCI

En el arte renacentista el descubrimiento del «espacio natural» es el contrapunto a la centralidad que ocupa el cuerpo humano. Leonardo da Vinci, para quien «retornar a la naturaleza» es imprescindible para «retornar al hombre», escribe en sus anotaciones: «[...] no puedes ser un buen maestro a menos que tengas el universal poder de representar a través de tu arte toda la variedad de formas que la naturaleza produce» (*Trattato*).

En esta apreciación Leonardo acierta a poner de relieve el doble sentido que, a medida que transcurre el *Quattrocento*, tendrá la relación entre el hombre y la naturaleza. Dos poderes, en efecto, se hallan en la base de la vitalidad de dicha relación. Por un lado, el poder de la naturaleza, la fuerza universal del *anima mundi* que es capaz de mantener una secreta armonía y de penetrar en la esencia de todos los seres. Esta capacidad de la naturaleza, concretizada las más de las veces en la energía que propaga la «Madre Tierra», sirve de motivo permanente al movimiento humanista—en especial, por supuesto, al de inspiración neoplatónica—y a los artistas relacionados con él.

Por otro lado, el poder del hombre, el «universal poder de representar» del que habla Leonardo. Y este poder de representación no sólo incluye el exacto conocimiento de la naturaleza, mediante la experiencia y la mímesis, sino la posibilidad de ir más allá de la naturaleza—*naturam vincere*—mediante el ejercicio de la capacidad imaginativa. El mismo Leonardo—que es el artista renacentista que en mayor grado se preocupa por reflexionar acerca de la relación entre naturaleza y arte—, aun mostrándose repetidamente preocupado por la habilidad técnica de reproducir la naturaleza, pone en primer lugar el carácter creador del pintor:

Si el pintor desea ver hermosas mujeres para encender su amor, tiene el poder de crearlas, y si desea ver monstruosidades para despertar su miedo, su diversión y su risa o, incluso su compasión, él es su Señor y su Creador. Y si desea, luego, conseguir tierras o desiertos, fríos y sombreados lugares en tiempo de calor o cálidos en tiempo de frío, él puede moldearlos. [*Paragone*].

Dista mucho de ser lineal el «retorno a la naturaleza» en el arte del *Quattrocento* y de hecho la adopción del paisaje—casi sin excepciones únicamente como fondo de las figuras humanas—se realiza a través de bien diferenciadas resoluciones estilísticas. La introducción del *paisaje topográfico*—positivo, naturalista—, cuyo antecedente revolucionario puede encontrarse en los frescos paduanos de Giotto, coexiste todavía con el *paisaje simbólico* de raíz gótica. El itinerario del paisaje topográfico en la pintura toscana no deja de ser curioso, pues, a pesar de haber conocido un inicial impulso en Giotto y en el *Trecento* sienés (Simone Martini, Ambrogio Lorenzetti), posteriormente su adopción definitiva es mucho más vacilante que en la pintura flamenca.

Hasta mitad del siglo XV, a pesar de la utilización generalizada del nuevo tratamiento espacial inaugurado por Brunelleschi, la representación del paisaje es bien distinta en los artistas toscanos. Masaccio hace una importante contribución al *paisaje topográfico* en el gran fresco del *El tributo* (1424-1428). En buena parte éste es el camino que, luego, siguen Domenico Veneziano, Alesso Baldovinetti y, en Padua, Andrea Mantegna. Pero junto a este tipo de paisaje, pintores como Fra Angelico y Benozzo Gozzoli perseveran en un paisaje fundamentalmente simbólico, Piero della Francesca hace sus desarrollos de perspectiva sobre un *paisaje geométrico* y Paolo Uccello, en la *Batalla de San Romano*, se apoya en una concepción abstracta del fondo paisajista. Así pues, en la primera parte del *Quattrocento*, naturalismo, simbolismo y abstractismo pugnan en la voluntad estética de retorno a la naturaleza.

Una inclinación determinante hacia el *paisaje topográfico* no se da en Florencia hasta que las *botteghe* de Verrocchio y de los Pollaiuolo se convierten en los árbitros del ambiente artístico de la ciudad. En ambos talleres la crítica del paisaje *simbólico*—y, por tanto, la destrucción de los «fondos» ornamentísticos y alegóricos de origen gótico—conduce a una minuciosa *descriptio terrarum* que va desde los accidentes geológicos a los fenómenos climáticos. Antonio Pollaiuolo pone en evidencia esta orientación en los paisajes de pinturas como *El Arcángel y Tobías* (1467-1470) o *El martirio de san Sebastián* (1475) y, en un sentido más concreto y menos panorámico, algo similar realiza Andrea Verrocchio en *El Bautismo de Cristo* (1472).

Sin embargo, tampoco en la segunda mitad del *Quattrocento* la representación de la naturaleza alcanza la unicidad estética que, dentro de las diferenciaciones estilísticas, puede atribuirse a la representación del cuerpo humano. Junto a las tendencias expresadas por Pollaiuolo y por Verrocchio—en cuyo taller se forma Leonardo—algunos de los principales artistas de la misma época se manifiestan en un sentido nítidamente diverso. Ni Ghirlandaio, ni Botticelli, ni Perugino, ni tampoco, más tarde, Rafael, adoptan un decidido naturalismo paisajístico. No hay en ellos una vuelta al *paisaje simbólico*—a pesar de lo que muchas veces se ha opinado de Botticelli—, sino que más bien buscan representar lo que podría denominarse, una *naturaleza transfigurada*. Una naturaleza que no existe—o, cuando menos, no tiene importancia—independientemente, objetivamente, *in se*, sino tan sólo en cuanto es intervenida y moldeada por la imaginación humana; una naturaleza que proporciona los materiales básicos y primarios, los cuales, para alcanzar su esplendor, deben ser sometidos a la potencia subjetiva del hombre. Una naturaleza, en definitiva, cuyos misterios—que tan bien sabe observar Ariosto en las descripciones paisajísticas del *Orlando furioso*—no pueden descifrarse con una actitud receptiva, sino tan sólo penetrando, gracias a la subjetividad, más allá de su corteza.

Un ejemplo muy particular en la mostración de la *naturaleza transfigurada* es el de Piero di Cosimo. Diversamente a sus contemporáneos —y, en especial, al estilo suave y tranquilizador del «artista de moda» del fin de siglo. Perugino—este pintor, insólito por muchos conceptos, busca presentar el lado inquietante de la naturaleza. En gran medida Piero di Cosimo está más cerca de las incursiones flamencas en el surrealismo—El Bosco, por estos años, ya ha pintado algunas de sus más célebres obras—que del siempre mesurado lenguaje quattrocentista. En cuadros como *Una caza* (1488-1500), *La adora-*

ción del becerro de oro o *Fuego en el bosque* (ambos de fechas desconocidas), la naturaleza, lejos de aparecer como benigna o maternal, es mostrada a través de un filtro de irrealidad que la convierte en enigmáticamente ambigua, cuando no en directamente destructora.

El propio Leonardo da Vinci da una cabal medida del contradictorio y multidimensional sentido que la propuesta de «retorno a la naturaleza» tiene en el arte del *Quattrocento*. Aparentemente él es el más decidido sustentador del *paisaje topográfico* aceptando con entusiasmo la herencia de Giotto, los sieneses trecentistas, Masaccio y, más próximamente, los Pollaiuolo y su maestro Verrocchio. Y, en efecto, durante toda su vida, tanto en sus reflexiones teóricas como en sus esbozos y dibujos, Leonardo, lo mismo que defiende el estudio anatómico del cuerpo humano, es un ferviente partidario de «diseccionar» la naturaleza. Pero en este último punto se halla la matización fundamental: la visión leonardiana no es pasiva e impresionista, sino decididamente *analítica* y *especulativa*. Si se observan los fondos paisajísticos del *San Jerónimo* (1483), de *Santa Ana con la Virgen y el Niño* (1508-1510) y, de modo muy particular, el extraordinario de

La Virgen de las rocas (1483-1490), la conclusión es clara: el «material topográfico» ha sido enteramente recreado por la imaginación leonardina. Para el arte, en opinión de Leonardo, la naturaleza se hace tributaria de la mente del artista: «De hecho, todo lo que existe en el universo, potencial o actualmente o en la imaginación, lo tiene él primero en su mente» (*Paragone*).

Si Alberti pone de relieve la importancia de la «idea» en arquitectura y Rafael, entre otros, lo hace respecto a la figura humana («Para pintar una belleza necesito ver muchas bellezas, pero, ante la escasez de bellas mujeres, uso una cierta idea que hay en mi mente», escribe, no sin ironía, a Baldassare di Castiglione), Leonardo da Vinci hace lo propio con la naturaleza. Ello puede parecer paradójico en quien es un decidido defensor de la capacidad cognoscitiva de la experiencia, pero asimismo es lógico en alguien, como Leonardo, que concede al arte un poder de reorganización subjetiva de la realidad.

La observación directa de la naturaleza es importante, mas no basta para percibir las fuerzas infinitas contenidas en el *anima mundi*. La realidad se presenta a los ojos humanos como una caverna que oscurece y oculta; una caverna que sólo puede ser inspeccionada por la potencia, también infinita, de la imaginación. Y Leonardo, en el manuscrito *Arundel*, dedicado a la batalla de los elementos, se hace a sí mismo protagonista de esta aventura:

Atraído por mi deseo ardiente, impaciente por ver la inmensidad de formas variadas y singulares que elabora la artificiosa naturaleza, a veces me hundo entre los sombríos peñascos; llego al umbral de una gran caverna ante la cual permanezco un momento—sin saber por qué—conmovido por el estupor; contraigo los riñones en forma de arco, apoyo la mano fatigada sobre la rodilla y, con la derecha, resguardo los ojos, bajando y apretando los párpados, y me cuelgo de un lugar y de otro para ver si puedo discernir alguna cosa, pero la gran oscuridad que reina me lo impide. Al cabo de un momento dos sentimientos me invaden: miedo y deseo, miedo de la caverna oscura y amenazante, deseo por ver si ella encierra alguna maravilla extraordinaria.

En este hermosísimo texto Leonardo aborda el problema en términos prácticamente románticos: el conocimiento desnudo, esencial, aquel que se halla entre los límites del gozo y el terror extremos, sólo se realiza cuando el hombre sale al encuentro de la infinitud cósmica con su propia infinitud; es decir, con su subjetividad.

Es bien evidente la importancia que la incorporación del «espacio natural» tiene en el *Quattrocento*. El único gran artista que se muestra absolutamente negativo ante él es Miguel Ángel. Sin embargo, es necesario constatar que el «retorno a la naturaleza» quattrocentista se realiza en términos esencialmente antropocéntricos. Las distintas soluciones estilísticas al problema del paisaje se hacen dependientes de la centralidad de la figura humana y, en términos generales, el naturalismo—cuando lo hay—queda subordinado al subjetivismo que aquella centralidad exige. De hecho, la emancipación del paisaje, en la que el arte centroeuropeo es claramente vanguardista, sólo se da en el *Cinquecento*. Y ello, claramente, cuando el protagonismo estético del cuerpo humano empieza a declinar.

VII

ENTRE EL «MODELO NATURAL» Y EL «MODELO IDEAL»

> Hablaremos en sentido pleno de una intuición «perspectiva» del espacio allí y sólo allí donde, no sólo diversos objetos como casa o muebles sean representados «en escorzo», sino donde todo el cuadro [...] se halle transformado, en cierto modo, en una «ventana», a través de la cual nos parezca estar viendo el espacio.
>
> ERWIN PANOFSKY

> Brunelleschi desarrolló un completo, convergente, sistema de perspectiva con una disminución matemáticamente regular hacia un punto de fuga fijo, el cual controlaba directamente la posición del espectador en relación con la escena pintada [...] un sistema matemático lógicamente preciso [...] revolucionario.
>
> JOHN WHITE

El «retorno a la naturaleza» en el arte del *Quattrocento* es, pues, esencialmente especulativo. La subjetividad, por decirlo de algún modo, se apropia de la realidad y el *yo*, audaz y confiado en su poder, busca apoderarse de la infinitud del espacio exterior. En el transcurso del siglo xv se rompen definitivamente los dos límites medievales: tanto las dimensiones cósmicas como la potencialidad humana se convierten en ilimitadas, y el arte quattrocentista germina en la fecundísima tensión que este hecho propicia.

Una diferencia básica separa las búsquedas del «espacio natural» en el arte centroeuropeo y en el arte toscano. La del primero es intuitiva, empírica, rica en la captación de la luz más tosca desde el punto de vista geométrico. En los Países Bajos, Jan van Eyck y Dirk Bouts hacen algunos progresos en este último aspecto, pero sus resultados son matemáticamente «incorrectos»; en Alemania, la ausencia de investigación geométrica en la composición espacial es absoluta hasta la importación de las teorías italianas por parte de Alberto Durero. Todo lo contrario sucede en la percepción toscana de la naturaleza, la cual, siendo de raíz especulativa, desde un principio busca apoyarse en principios geométricos y matemáticos. Frente a la «perspectiva espontánea» nórdica, el arte toscano se pone como objetivo la consecución de una «perspectiva científica».

El *Trecento* italiano produce ya dos importantes aproximaciones pictóricas a la «perspectiva científica». En la actualidad hay un acuerdo general en el hecho de que la concepción moderna del espacio pictórico se inicia con Giotto y Duccio; es decir, en el momento en que convergen e inician su disolución en el norte de Italia las tradiciones gótica y bizantina. También existe casi unanimidad en destacar el carácter innovador de la pintura de Ambrogio Lorenzetti y la audaz aplicación de la «perspectiva axial» en obras como *La presentación en el Templo* (1342) y *La Anunciación* (1344). Lorenzetti es el primer pintor que establece el espacio compositivo según un orden estrictamente geométrico. Sin embargo, por razones todavía no determinadas, la segunda mitad del *Trecento* no persevera en este camino y, en realidad, hay que esperar hasta los primeros decenios del *Quattrocento* para que el espacio pictórico se construya a partir de una perspectiva matemáticamente exacta.

En el libro *Vita di ser Filippo di ser Brunellesco* atribuido al humanista Antonio Manetti se otorga a Filippo Brunelleschi el descubrimiento—o redescubrimiento, si se reconoce su hallazgo en los Antiguos—de la «perspectiva» (matemáticamente exacta). Según esta biografía, el arquitecto de Santa Maria di Fiore propone, por primera vez, lo «*ch'e dipintori oggi dicono prospettiva*», en dos paneles, no conservados, que representaban panorámicas florentinas del Baptisterio y de la Piazza della Signoria.

A partir de la segunda década del *Quattrocento* la *perspectiva artificialis* (matemáticamente construida en oposición a la «espontánea») vertebra el arte toscano y es la mejor prueba del carácter especulativo del «retorno a la naturaleza» quattrocentista. Desaparecidos los paneles brunelleschianos, la primera pintura en que se concibe el espacio según una construcción perspectiva unitaria y matemáticamente exacta en el fresco de *La Trinidad* (1428) de Masaccio. A partir de éste, la mayoría de los artistas renacentistas realizan, a través de métodos distintos y con desiguales resultados, investigaciones alrededor del nuevo sistema de construcción del espacio pictórico. Paolo Uccello, quien tiene fama de estar obstinado en este tema—«*oh, che dolce cosa è questa prospettiva!*»—, parece, sin embargo, más preocupado por la superposición de planos, «en relieve», que por la obtención de una perspectiva exacta. Por el contrario, tanto Domenico

Veneziano como Andrea del Castagno siguen el ejemplo de Masaccio buscando una perspectiva matemáticamente estricta. Finalmente, a mediados de siglo, Piero della Francesca, el más matemático de los pintores renacentistas, crea las «obras maestras» de la construcción perspectiva.

Como luego con Leonardo da Vinci, con Piero della Francesca el Renacimiento alcanza una situación de autoconciencia y de síntesis. En él, la reflexión teórica está inserta en la propia práctica artística y el conocimiento especulativo se pone al servicio de la perfección plástica en la representación de la belleza. Piero della Francesca sigue, en cierta manera, las investigaciones de Leon Battista Alberti—el «inventor» de la perspectiva antes de la reivindicación de Brunelleschi en la biografía atribuida a Manetti—, pero sin la autorrenuncia a la práctica en beneficio de la «idea» de aquél y, al mismo tiempo, con una mayor osadía en la proclama de un estatuto científico para el arte. Su tratado, de 1480-1490, *De Prospectiva pingendi* es, al mismo tiempo, el más riguroso estudio sobre la perspectiva y una declaración de principios sobre el carácter «científico» de la pintura del futuro. Y cuando en 1494 Luca Pacioli, en *Summa de arithmetica*, enumera a los «pintores matemáticos»—que asimismo son, para el autor, los más perfectos—Piero della Francesca encabeza una lista que incluye, entre otros, a Mantegna, Ghirlandaio, Botticelli y Signorelli.

Pero no es ninguno de los citados, sino Leonardo, quien prosigue, amplía y, en cierto modo, destruye el camino iniciado por Brunelleschi y Masaccio y teorizado por Alberti y Piero della Francesca. Si debemos atendernos a sus anotaciones, la preocupación de Leonardo por la perspectiva anda pareja con su reiterada demanda de una pintura «científica».

Leonardo reforma, en algunos importantes aspectos, la construcción perspectiva que domina en los decenios intermedios del *Quattrocento* y cuya rigidez despierta crecientes recelos en la pintura florentina, como lo demuestran la libre disposición figurativa defendida por Antonio Pollaiuolo y la prioridad que Botticelli concede al juego dinámico de los perfiles. La reforma leonardiana es profunda, al menos, en dos sentidos. En primer lugar, por la importancia que concede a la dialéctica de luz y de sombra en la consecución del *rilievo*:

La primera misión del pintor es hacer que la superficie plana aparezca como un cuerpo alzado y destacado desde esta superficie [...] Y este estudio, o más bien esta cumbre de nuestro aprendizaje, depende [del empleo] de las luces y de las sombras. [*Trattato*].

En segundo lugar, porque emprende una crítica directa de la perspectiva brunelleschiana-albertiana—basada en la proyección sobre una superficie plana—sosteniendo otra en que la proyección se realiza sobre una superficie esférica: «[De esta perspectiva] tenemos una experiencia constante gracias a la forma curva de la luz del ojo, donde las pirámides visuales son cortadas a igual distancia de la potencia visual».

La combinación de ambas afirmaciones permite comprender el verdadero sentido de la perspectiva «aérea», que es el núcleo de la teoría estética leonardiana y—junto a la innovación brunelleschiana—uno de los ejes de la representación espacial en la pintura moderna:

Hay otro tipo de perspectiva al que llamo aérea... Sabes que en una atmósfera de densidad uniforme las cosas más distantes vistas a través de ella, como las montañas, a causa de la gran cantidad de atmósfera que hay entre tu ojo y ellas, aparecerán azules, casi del mismo color de la atmósfera cuando el sol está en el este. Por tanto, deberías hacer el edificio más cercano de su color natural, y aquel más distante con otro menos definido y más azul; y aquel que deseas ver el doble de lejos hacerlo con doble profundidad de azul; y aquel que desees ver a una distancia cinco veces mayor hacerlo cinco veces más azul. [*Trattato*].

De la observación de los fondos montañosos y azulados de *La Gioconda* (1503) o de *Santa Ana con la Virgen y el Niño* (1508-1510) se puede deducir hasta qué punto Leonardo se muestra preocupado por llevar a la práctica sus deducciones teóricas. El «retorno a la naturaleza», la representación pictórica del «espacio natural» sigue fundamentándose en cálculos matemáticos, mas ha perdido la hierática rigidez y la claridad de un Piero della Francesca para convertirse en un proceso complejo, discontinuo, ambiguo. La naturaleza, alegorizada en el arte medieval y racionalizada en el quattrocentista, se convierte, a manos de Leonardo, en una potencia misteriosa y ambivalente.

Los resultados de la poderosa tendencia especulativa en el arte italiano del *Quattrocento*—en el que la construcción perspectiva desempeña la función de hilo conductor—son de la máxima importancia. A través de ella se realiza una objetivación de la subjetividad. Asimismo, mediante aquélla, se ratifica una ruptura, una *cesura* incuestionable entre el arte quattrocentista y el arte precedente; frente al espacio pictórico considerado como una superficie impenetrable, propio de la Edad Media y de los lenguajes bizantino y gótico, el *Quattrocento* concibe a aquél como una imaginaria ventana (Alberti: *De pictura*) *a través* de la cual penetra la mirada del espectador. Sin embargo, no se puede evaluar toda la riqueza del legado quattrocentista si no se tienen en cuenta las consecuencias complejas, y a menudo contradictorias, que todo ello lleva consigo. El nuevo espacio que debe descubrir la mirada que se adentra en la pintura-ventana es el derivado del derrocamiento de la *imago mundi* medieval. El anhelo renacentista de hallar un equilibrio entre las armonías del espacio pictórico-matemático y del espacio cósmico queda sometido a la incertidumbre ontológica que provoca lo ilimitado, lo enigmático, lo desconocido.

De ahí que la teoría leonardiana sirva como conclusión ontológica del *Quattrocento*: para obtener una veraz comprensión del mundo, *junto con la objetivización de lo subjetivo, es necesario recurrir a una nueva subjetivización*. La absoluta claridad, la exactitud, la nitidez no bastan para proporcionar el conocimiento de la naturaleza. Entre el infinito y el yo, la percepción y la imaginación subjetiva conducen a un relativismo en el que se alternan luces y sombras.

VIII

DEL «CHIAROSCURO» AL «NON FINITO»

En la crítica de Leonardo a las concepciones de Alberti se explícita la paulatina transformación de la estética quattrocentista y la inevitable dispersión estilística del *Cinquecento.* Si entre ellos hay todavía una fuerte afinidad, basada en los genéricos valores humanistas, varían, por el contrario, las prioridades que deben conducir la representación artística. En Leonardo, como en todo el arte del *Quattrocento*, la *armonía* continúa siendo el principio organizador de toda obra artística; pero su idea de aquélla es sustancialmente distinta a la de Alberti, para quien:

> La belleza es un tipo de armonía y concordancia de todas las partes para formar un conjunto construido de acuerdo con un número fijo, y una cierta relación y orden, como exige la simetría, la más alta y perfecta ley de la naturaleza. [*De re ædificatoria*].

Leonardo, por contrario, demanda una «armonía en tensión», en la que, lejos de normas uniformes, se expresen las contradicciones del espíritu humano y las que afectan a la relación entre la naturaleza y el hombre.

No es con el «manierismo» cinquecentista, sino en los decenios de transición entre los siglos XV y XVI, cuando tiene lugar una profunda modificación en el lenguaje artístico renacentista. En otras palabras: es *desde* el cuerpo estético del *Quattrocento*—en cierto modo como si se tratara de una consecuente autorrespuesta—, y no *contra* este cuerpo, que el arte del Renacimiento llega a su madurez. Y, de hecho, cuando con las muertes de Leonardo (1519) y Rafael (1520), y el definitivo viraje de Miguel Ángel (1520-1530), el arte italiano renuncia a este *corpus* estético, el Renacimiento en las artes visuales abre las puertas a su propia disgregación.

Los componentes lingüísticos de la «armonía en tensión» no se inician en Leonardo, sino que tienen una larga gestación en la segunda mitad del siglo XV. A este respecto tiene un particular interés la conflictividad que enfrenta a las distintas tendencias florentinas ante el problema del color. Mientras Alberti integra en su idea de armonía el equilibrio de cuatro colores fundamentales vinculados a los cuatro elementos (rojofuego, azul-aire, verde-agua y gris-tierra) y Piero della Francesca apoya la prioridad formal de la construcción perspectiva en una luminosidad nítida y moderada, tanto Antonio Pollaiuolo como, luego, Ghirlandaio defienden una mayor agresividad cromática cuya presentación «desequilibrada» pone ya en cuestión la *concinnitas* albertiana. Botticelli, por su parte, también emprende un nuevo camino con su búsqueda de los «tonos puros».

Sin embargo, la innovación más relevante tiene lugar en el taller de Verrocchio, donde éste y, especialmente, Leonardo introducen el *sfumato* y el *chiaroscuro* como un modo expresivo que rompe tanto con la creencia en el valor absoluto de cada color cuanto con la violencia tonal practicada por el taller rival de los Pollaiuolo. Naturalmente, si se considera en profundidad—y tal como sucede con la modificación leonardiana de la construcción perspectiva—, este cambio no entraña sólo consecuencias estilísticas, sino que está inspirado en razones de orden estético general. Otra concepción de la deseada armonía, muy distinta de la de Alberti, surge de las explicaciones teóricas de Leonardo:

Las tinieblas son el primer grado de la sombra y la luz el último; es por esto que tú, pintor, harás la sombra más oscura cerca de su origen y, luego, la convertirás en luz, de manera que su límite nunca aparezca [...] La sombra deriva de dos principios muy disparejos, el uno corporal y el otro espiritual; el corporal es la opacidad del cuerpo oscuro, el espiritual, la luz. El encuentro del cuerpo y de la luz es, pues, la causa de la sombra. [*Trattato*].

Leonardo, con ello, pretende acabar con el antagonismo entre la luz y la sombra; o sea, con el antagonismo visual de aquel otro reiteradamente presente, pero no zanjado, a lo largo del *Quattrocento* que enfrenta a lo espiritual y a lo físico.

No obstante, quizá donde se hace más dramáticamente evidente la «armonía en tensión» es en una de las cuestiones más enigmáticas de toda la historia del arte: el problema del *non finito* que, con manifestaciones distintas, afecta por igual a las dos mayores figuras del Renacimiento, Leonardo y Miguel Ángel.

El *non finito*, la presentación inacabada o el abandono de una obra, responde a distintas razones que a finales del siglo XV y a principios del siguiente tienden a converger. El *non finito*, en primer lugar, responde a la prioridad que en la estética quattrocentista se concede a la *belleza esencial*; es decir, a aquella ideal, abstracta, conceptual—«matemática» en algunos—, que es siempre superior, a pesar del amor renacentista a lo físico, a cualquier resolución material. Esta creencia, evidentemente reiterada por los neoplatónicos, se extiende a la práctica totalidad del arte florentino. Es curioso, en este sentido, observar cómo el siglo que contempla la más magistral concentración de realizaciones artísticas de toda la historia occidental sea también el que asiste a continuas proclamas sobre la superioridad de la belleza inmaterial. Y ello no sólo cuando Marsilio Ficino y la Academia de Careggi se convierten en los indiscutibles orientadores de la cultura florentina, sino ya en tiempos de Leon Battista Alberti, cuando éste renuncia en varias ocasiones a la práctica arquitectónica en base a la pureza de la «idea».

La consecuencia de lo anterior es la tensión, crecientemente consciente en los artistas renacentistas, entre los «conceptos» de la belleza y sus concreciones artísticas. Vasari sugiere que incluso Rafael, aparentemente el más armónico de los artistas de la época, está sumamente preocupado, en la relación con sus discípulos, por el problema del *concetto*. Respecto a Leonardo, el biógrafo de los pintores renacentistas es todavía más rotundo: «Su alma era tan grande, tan elevada, que su demasiada alta ambición le paralizaba» (*Vite*). Descendidas desde la retórica de Vasari, estas palabras vienen a iluminar la encrucijada en la que se encuentra un artista que, como Leonardo, se somete al enfrentamiento desnudo entre la belleza esencial y la belleza material. Dos ritmos antagónicos, el del deseo y el de la realización, pugnan entre sí, hasta que la desmesura de uno termina por desbordar las posibilidades del otro. Y ello explicaría el carácter inacabado de muchas obras de Leonardo y, en particular, de aquellas en las que él mismo concibe la consecución de lo perfecto: *La Adoración de los Magos* (1481) y la estatua ecuestre de Francesco Sforza.

Algo similar, sentido y explicado tal vez con una mayor tragicidad, ocurre con Miguel Ángel. El problema de la contradicción entre las bellezas esencial y material supone en éste dos actitudes sucesivas. Por la primera, como ocurre con Leonardo, Miguel Ángel percibe el carácter, al mismo tiempo aniquilador y fecundo, de la tensión del artista que, buscando la perfección, debe luchar entre la idea y la realización. Esta actitud domina la obra de Miguel Ángel hasta 1520-1530 y encuentra su mejor ejemplo en las vicisitudes e indeterminaciones que durante largos años le imposibilitan para acabar la que concibe como su obra maestra, el mausoleo de Julio II. La segunda actitud de Miguel Ángel, ya posterior a aquellas fechas, encuentra su mejor ilustración en los propios poemas del artista.

Miguel Ángel renuncia a continuar considerando fructífera la pugna entre lo físico y lo espiritual y concede a este último la única importancia. En realidad, con ello, en este período, Miguel Ángel abandona la «armonía en tensión» —para la que es necesaria la pervivencia de aquella pugna—y se desvincula definitivamente de la estética quattrocentista. Su *non finito* es, al final, junto con el fruto práctico de su atormentador misticismo, el horror a la belleza física y una negativa a seguir representándola en su plena libertad. Por ello, en estos años, mientras como pintor abandona el antropocentrismo, para el Miguel Ángel escultor y poeta el bloque de mármol preconcibe y encierra una hermosura siempre superior a la imagen del hombre liberada en cualquier estatua:

Non ha l'ottimo artista alcun concetto,
C'un marmo solo in sé non circoscriva
Col suo soperchio, e solo a quello arriva
La man che ubbidisce all'intelletto.

[No tiene el óptimo artista ningún concepto | que un mármol en sí mismo no circunscriba | con su exceso y sólo alcanza aquél | la mano que obedece al intelecto].

Y de hecho el *San Mateo* de la Academia de Florencia, forma humana que aparece casi atrapada por la piedra, viene a atestiguar la última significación que el *non finito* adquiere para Miguel Ángel.

Sin embargo, tanto en Leonardo como en el primer Miguel Ángel hay que tener en cuenta una tercera razón como causa inmediata del *non finito*. Para ambos la introducción en la obra de arte de elementos no concluidos, sino puramente esbozados, permite establecer un nexo específico entre la subjetividad del artista y la del espectador. La obra totalmente terminada presenta al observador una realidad cerrada en la que la imaginación del artista se muestra con demasiada impudicia y la del observador no obtiene ninguna función. Por el contrario, el *abbozzato* permite un juego más enigmático, pero también más activo, entre una y otra. Un juego de liberación expresiva de los distintos planos, conscientes e inconscientes, que actúan tanto en la creación como en la contemplación de una obra de arte.

IX

LUCHA DE ESTILOS

> El despertar de la Antigüedad es completamente distinto en Italia y en el Norte. Al cesar la barbarie en la península, el pueblo italiano, que es todavía medio antiguo, ve con claridad su pasado; lo celebra y quiere resucitarlo. Fuera de Italia se trata de una operación erudita y de reflexión sobre algunos elementos aportados por el mundo antiguo; en Italia son los intelectuales y el pueblo quienes, al unísono, rinden homenaje a la Antigüedad y la quieren revivir porque les recuerda la pasada grandeza de su país.
>
> JACOB BURCKHARDT

Aun con todas sus contradicciones el *Quattrocento* posee una personalidad propia bien definida. En realidad, ante las vacilaciones en la periodización y atribuciones del Renacimiento—o de los renacimientos—sólo aquél posee una vertebración unitaria perfectamente determinada. No sería arbitrario, pues, sino tal vez fundamental, hablar de una *mente quattrocentista*, la cual, en el vértigo de los fenómenos históricos, culturales y artísticos que tienen lugar en Europa entre los siglos XIII y XVI, poseyendo una poderosa coherencia intelectual sería el núcleo y el punto de referencia de todos ellos. Esta *mente quattrocentista*, frente a las laxitudes cronológicas, cuenta con unos límites relativamente definidos (el siglo XV extendido a algunos lustros precedentes y posteriores); frente al multicentrismo geográfico es mediterráneo, italiano y, muy especialmente, toscano; frente al teocentrismo medieval y a las ideologías de la Contrarreforma y de la Reforma defiende un antropocentrismo basado en la «helenización» filosófica del legado cristiano. Y la característica más explícita de esta *mente quattrocentista*, y de ahí la espectacular brillantez y la prioridad de las artes plásticas, es la confianza en la capacidad y en la esencia estéticas del hombre.

El arte del *Quattrocento* se afirma en Florencia tras una enconada pugna estilística con las tendencias artísticas tardomedievales. No hay que olvidar que en los mismos años en que Filippo Brunelleschi proyecta la gran obra de ruptura renacentista en arquitectura, la cúpula Santa Maria di Fiore, Milán—punta de lanza de Francia y centroeuropea en Italia—concentra sus esfuerzos para realizar la que se concibe como la principal catedral gótica de Europa. Por supuesto es injusto desdeñar los grandes logros de la pintura flamenca, y en especial el giro naturalista de Jan van Eyck, pero ni en los Países Bajos, ni en Alemania, ni tampoco—todavía—en la República de Venecia la ruptura antigótica adquiere organicidad estética. Sólo en la Toscana—y en las regiones adyacentes de Umbría y Romaña—lo que se denominará Renacimiento se manifiesta desde un principio como un fenómeno cultural articulado.

Sin embargo, de ello no hay que deducir, tampoco, que la *mente quattrocentista* se instaura en Florencia y en su zona de irradiación sin fuertes contradicciones. La *lucha de estilos* todavía es muy viva en esta ciudad durante toda la primera mitad del siglo XV, como lo demuestran obras tan importantes como la *Adoración de los Reyes Magos* (1421) de Gentile de Fabriano, donde sigue perviviendo un lenguaje gótico, el *San Stefano* (1426) esculpido por Ghiberti en Orsanmichele, en el cual el ardiente defensor de los ideales de la Antigüedad romana sigue apegado al modelo de la estatuaria francesa del siglo anterior, o los componentes trascendentalistas de la pintura de Fra Angelico.

De hecho la posición vanguardista de Florencia en la configuración de una nueva expresividad—y los antagonismos que esta posición entraña—tiene sus raíces en el final del *Duecento* y el principio del *Trecento*. Giorgio Vasari ha popularizado la idea de que el Renacimiento se inicia con Cimabue, Nicola Pisano y, especialmente, con Giotto. Según esta opinión, estos artistas combaten al unísono dos tendencias estilísticas: la *maniera greca* o estilo bizantino y la *maniera* «bárbara» o «moderna» del estilo gótico. En realidad Vasari se guía, en sus expresiones, por los conceptos vertidos por Cennino Cennini en su obra *Il libro dell'arte* (*c.* 1390) y retomados luego por Filippo Villani y Lorenzo Ghiberti. Cennini da la pauta para todos ellos cuando escribe que Giotto, con su pintura, «*rimutò l'arte del dipingere di greco in latino*», es decir, de griego-bizantino en clásico grecorromano.

Las tesis de Cennino Cennini—más que el eco vasariano, por su contemporaneidad histórica con el inicio del movimiento renacentista—son muy importantes, pues ponen de manifiesto un «estado de ánimo», un «clima», concreto: el reencuentro con la Antigüedad como base del resurgimiento artístico. Petrarca, mejor que nadie, ha puesto de manifiesto la nueva sensibilidad florentina ante este problema:

Anime belle e di virtute amiche
Terranno il mondo: e poi vedrem lui farsi
Aureo tutto e pien de l'opre antiche.

[Almas bellas y amigas de la virtud | poblarán el mundo: y luego veremos hacerse | todo áureo y lleno de las obras antiguas].

Evidentemente, como demuestra Dante, la cultura florentina desde finales del siglo XIII se halla comprometida con el desmantelamiento de la civilización medieval. Pero ¿es lógico, aun a pesar de esto, deducir de ello que con Cimabue, Nicola Pisano y Giotto, como defienden Cennini y, luego, Vasari, el arte toscano se emancipa de las formas estilísticas gótica y bizantina?

No hay que insistir en el hecho de que en la pintura de finales del *Duecento* y de los primeros decenios del *Trecento* hacen su aparición componentes tendenciales de lo que será la revolución estilística renacentista. Tanto en Cimabue y en Giotto como en la tradición sienesa (Duccio, Pietro y Ambrogio Lorenzetti) hay elementos perfectamente identificables de alejamiento de la estilización medieval y, en especial, de una nueva percepción de la morfología de los cuerpos y del espacio natural. Además, no es posible alejar este hecho de los nuevos centros de interés de la cultura italiana, el principal de los cuales consiste en una consideración de la Antigüedad clásica cada vez más distinta respecto a la medieval.

Sin embargo, no es menos evidente que estas incipientes—aunque consistentes—modificaciones estilísticas se desarrollan en la época de asentamiento y esplendor del gótico, no solamente en Francia, donde este estilo ha adquirido toda su consistencia en el siglo XIII, sino también en Alemania, España e Italia. En términos generales hay que concluir que el sustrato ontológico en que se apoya «lo gótico», basado en el trascendentalismo, sigue dominando en el arte italiano no sólo a finales del *Duecento*, sino a lo largo de todo el *Trecento*. A pesar de los importantísimos «elementos de futuro» de su pintura, es imposible desconocer que es todavía *el mundo de los universales* el que domina en Giotto. Como tampoco es posible olvidar que si hay una pintura «gótica» en el arte italiano ésta es la más famosa obra de Simone Martini, *La Anunciación* (1331). Por otra parte, la mayoría de los pintores citados por Cennino Cennini como albaceas de Giotto y precursores del *risorgimento dell'arte*, como Taddeo y Agnolo Gaddi, participan, con pocas reservas, del estilo gótico. E, incluso, el principal pintor florentino en la transición entre los siglos XIV y XV, Lorenzo Monaco, sigue el mismo camino.

No muy distinto es el itinerario de la escultura. Nicola Pisano es, en pleno *Duecento*, el primer escultor que se inspira explícitamente en el arte romano antiguo. En este sentido sus trabajos en el Baptisterio y Campo Santo de Pisa (*c.* 1260) y en el Púlpito de la catedral de Siena (1265-1268) demuestran una presencia de elementos «clásicos» en los que la inspiración en el arte de la Antigüedad aparece como determinante. Sin embargo, al mismo tiempo, sus dos principales colaboradores, su hijo Giovanni y el escultor-arquitecto Arnolfo di Cambio, se inclinan rápidamente por el lenguaje gótico de origen francés. Así es este lenguaje el que prevalece en alguna de las últimas obras de Nicola Pisano, como su fuente en la plaza de Perugia (1278), y el que se proyecta hacia todo el *Trecento* gracias a la influyente obra de Giovanni Pisano.

Todo ello ni confirma ni niega las opiniones —ciertamente «interesadas»—de Cennini y de Vasari, sino que pone de relieve un hecho fundamental: durante la segunda mitad del *Duecento* y durante el *Trecento*, con discontinuidades y diversidad de ritmos, confluyen en Italia, y particularmente en lo que puede denominarse «franja toscana», por un lado el hegemónico estilo «gótico», extendido internacionalmente desde su centro de gravedad en la Francia septentrional, y, por otro lado, una *subversión estilística*, en gran parte latente, pero decisiva, que por su origen y sensibilidad es *específicamente italomediterránea*.

El triunfo definitivo de esta subversión, en los primeros lustros del siglo XV, es el que da pie al único de los «renacimientos» de que puede hablarse en términos de unidad cultural: el Renacimiento quattrocentista.

X

«ESPÍRITU DEL NORTE» Y «ESPÍRITU DEL SUR»

La antítesis Norte-Mediterráneo, puesta de relieve por Burckhardt en el siglo XIX, si tal vez no es válida para explicar la multiplicidad de «renacimientos» que surgen en el seno y desde la Edad Media, es necesaria para entender las señas de identidad del Renacimiento quattrocentista. Aquella antítesis, que como es sabido ha sido puesta reiteradamente en tela de juicio, no debe ser deducida de las tesis burckhardtianas, herederas en gran parte de la pasión romántica por el Mediterráneo clásico, ni tan siquiera de las afirmaciones vertidas, ya en el siglo XVI, por Giorgio Vasari, sino de la propia «voluntad latina» de los hombres del *Quattrocento*. Son innumerables las declaraciones «antinórdicas» a lo largo de este siglo: Germino Cennini, Lorenzo Ghiberti, Ermolao Barbaro, Leon Battista Alberti, Antonio Manetti…, hasta llegar al mismo Miguel Ángel, defienden el contraste entre el «espíritu latino» y el «espíritu bárbaro».

Pero en la crítica moderna la opinión de Burckhardt tiene un importante contrapeso. Unos decenios antes es interesante ver a Hegel «septentrionalizar» el Renacimiento en *Phänomenologie des Geistes*. Para Hegel, que sigue las huellas de Melanchton, el Renacimiento es sólo un momento de la Reforma, la cual lo rectifica y lo integra, y es, en definitiva, la verdadera revolución espiritual de la época. Años después Nietzsche reacciona violentamente contra la tesis hegeliana y en *Menschliches, allzumenschliches...* opone, de un modo radical, el «Espíritu del Sur», propio del Renacimiento, al «Espíritu del Norte» que protagoniza la Reforma. Para Nietzsche, al contrario de la tradición melachtoniana teorizada por Hegel, las fuerzas nobles y liberadoras de la Italia renacentista se paralizan al contacto con la barbarie luterana y nórdica.

A despecho de las opiniones de muchos estudiosos del arte renacentista—respetuosas con el que sigue siendo el más original de todos ellos, Burckhardt—, no hay duda de que es el esquema histórico hegeliano el que, debido a la presión cultural germana y anglosajona de los dos últimos siglos, prevalece en el análisis de la historia europea. Según este análisis, la Edad Media se disuelve gracias a un Renacimiento «occidental»—concretado, eso sí, artísticamente en Italia—y la «Edad de la Razón» adviene en el momento en que aquel Renacimiento, puesto en peligro por la Contrarreforma católica, es recogido y canalizado por la Reforma protestante.

Si no es éste el momento para poner en tela de juicio la segunda parte de este análisis, sí lo es para desmentir la primera: *el Quattrocento italiano se desarrolla con una autoconciencia de «latinidad», de «mediterraneidad», de «clasicidad» directamente beligerante con los modos culturales y artísticos «nórdicos».* En otras palabras: su búsqueda de señas de identidad, su búsqueda de raíces no es hacia el mundo occidental—concepto, entonces, sin sentido—, sino hacia el que marcó la grandeza clásica. Y, fuera de éste, más fácil es encontrar en la civilización del *Quattrocento* componentes culturales egipcios, árabes o persas, que célticos o germánicos, los cuales le son absolutamente ajenos.

Esta autoconciencia de «mediterraneidad», y el subsiguiente repudio del «Espíritu del Norte», está en la base de la subversión estilística que cercena el predominio del arte gótico durante el *Trecento* italiano y de la revolución estilística que adviene en el siglo siguiente. No se trata de una relación directa de causa-efecto, pues las modificaciones en la sensibilidad estética nunca se dan de un modo lineal, pero sí la manifestación, artísticamente desigual, de un profundo cambio en la conciencia ideológica de la sociedad italiana. En el momento de las opciones, con Petrarca—y, en parte, ya con Dante—los intelectuales italianos del siglo XIV, iniciando el movimiento que luego será denominado *umanesimo*, empiezan a repudiar la síntesis cultural cristiano-bárbara y tratan de recuperar los orígenes grecorromanos—y asimismo los cristianos primitivos—para promover y amparar sus nuevas ideas acerca de la función del hombre en el mundo. No se trata, pues, de un retorno, sino de una *recuperación* de la Antigüedad: no se trata de volver a las raíces, sino de hacer crecer, desde éstas, una civilización nueva.

Cuando han madurado suficientemente las nuevas orientaciones intelectuales, con la extraordinaria fuerza del pensamiento petrarquiano y luego con Coluccio Salutati y Leonardo Bruni, y las nuevas formas estilísticas, con Donatello y Masaccio, Florencia se halla en condiciones de realizar la ruptura formal con la hegemonía gótica. Santa Maria di Fiore de Brunelleschi

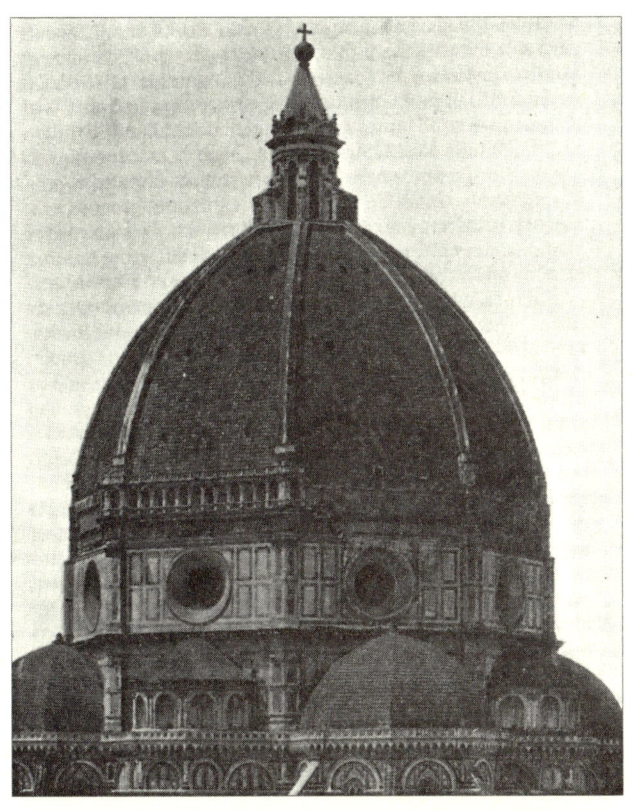

Filippo Brunelleschi, cúpula de Santa Maria di Fiore, Florencia, 1420-1436.

es el símbolo de esta ruptura formal. Y no es extraño que así sea pues, siendo la arquitectura la expresión artística más estrechamente vinculada al poder, la que se concibe como la «gran basílica» por excelencia sirve al unísono para ajustar las cuentas al arte gótico—cuyo poder se hallaba expresado, asimismo, en la grandeza arquitectónica de sus catedrales—, para recuperar el lenguaje y la técnica de la Antigüedad clásica y para significar el nuevo poderío del hombre.

XI

LA REABSORCIÓN DE LA ANTIGÜEDAD

La *mente quattrocentista* está determinantemente vinculada a la recuperación de la Antigüedad y ésta sólo podía recuperarse, del modo en que se realiza, a través de una sensibilidad mediterránea. No se trata sólo de una operación intelectual—poética o académica, según el caso—tal como se da, por ejemplo, en el mundo anglosajón durante el siglo XIX, sino que es un proceso mental intrínseco, una *reabsorción* cultural.

Con la Edad Media parece que se homogeneiza la base cultural de Europa, bajo la fuerza ideológica, moral y organizativa del cristianismo. Mas ésta es tan sólo una vertebración aparente. Las herencias que subyacen a la doctrina cristiana son distintas, como distintos son, también, los modos de percepción de aquélla. El cristianismo, en sus primeros tiempos, se alimenta, es cierto, de la mística hebraica, pero también se moldea en el conglomerado cultural del helenismo—baste recordar el idioma del Nuevo Testamento—y en la vitalidad de la civilización romana. Sólo tras la caída del Imperio romano *de Occidente* el cuerpo hebreo-helenístico-romano se desintegra bajo la presión de las fuerzas centrífugas y el cristianismo inicia su proselitismo europeo con una doctrina empobrecida. Le restan dos capacidades básicas desde el punto de vista organizativo: la capacidad ofensiva de una teorética mística y la capacidad articuladora de la lengua latina. Sin embargo, se desprovee del lastre que significa la riqueza antigua, la cual sólo volverá a intentar recuperar, parcial y casi clandestinamente, con la labor de las órdenes monásticas.

Durante un largo período la condición de Italia es homologable a la del resto de Europa, pero ya en los últimos siglos de la Edad Media va haciéndose evidente una situación histórica, cultural y geográfica peculiar. Con la reurbanización y el impulso de un nuevo comercio de carácter internacional, Italia—la península y también Sicilia—entra en contacto con dos civilizaciones, la bizantina y la árabe, que han mantenido mucho más vivo que la cristiano-latina el legado de la Antigüedad. Al contacto con la primera los intelectuales italianos acceden, de nuevo, al conocimiento textual de las obras griegas; a través de la segunda se familiarizan con una visión mucho más dinámica y desprejuiciada del *corpus* filosófico-científico antiguo que la proporcionada por la Escolástica.

Pero estas circunstancias, siendo capitales, no hubieran sido suficientes para reabsorber, como una savia propia, la herencia clásica, si no se hubiera dado en Italia el factor más importante: la presencia física, material, identificadora y enorgullecedora de los rastros artísticos y culturales de la Antigüedad. Mientras ésta, en la Europa de raíz céltica, gálica o germánica, es un elemento ajeno—o, como máximo, libresco—y «pagano», en Italia el sentimiento es totalmente distinto y a lo largo de la Edad Media pueden encontrarse, en ella, numerosos intentos de revitalizar el espíritu antiguo.

La especificidad italomediterránea en el abordaje de la Antigüedad consiste no sólo en *conocer* mejor a ésta—hecho importante pero no definitorio de una tradición civilizatoria, como lo demuestra la circunstancia de que, tras Winckelmann, la investigación contemporánea de la cultura clásica es, en gran parte, sajona—, sino en tratar de *reincorporarla* espiritualmente. El cesarismo de Dante y el paganismo literario de

Boccaccio—quien en su primera novela, *Filocolo*, invoca el supremo arbitraje de Venus para las cuestiones del amor—resultan ya reveladoras aproximaciones a este problema. Pero es la figura intelectual e histórica de Petrarca la que da una orientación decisiva a lo que debe ser la *comprensión* renacentista del mundo antiguo.

Petrarca sintetiza a la perfección el doble carácter de conocimiento y de reincorporación que posee esta comprensión. Como estudioso, él impulsa el giro antiescolástico de la cultura florentina y reivindica un retorno a las fuentes puras del pensamiento griego y romano; como poeta, vincula el renacimiento de la dignidad del hombre moderno con la gloria reencontrada del antiguo. Y cuando, contra los *secoli scuri* y contra *i barbari*, Petrarca escribe:

> *Latin sangue gentile,*
> *sgombra da te queste dannose some...*

[Gentil sangre latina, | expulsa de ti estas condenadas cargas...],

proclama su convicción de que sólo a partir de la «latinidad» puede desarrollarse la nueva civilización que rompa con la Edad Media. No otro sentido tiene la exaltación petrarquiana de la gran utopía política de Cola di Rienzo quien, a mitades del siglo XIV, predica al pueblo romano el resurgimiento de la Antigüedad («*Resurgat Romana civitas*») o la coronación «virgiliana» de que el propio Petrarca es objeto en el Capitolio de Roma. Es esencial tener en cuenta el carácter *pasional*—lejos de un mero anticuarismo y lejos también de la pedantería gramatical que se impone en el *Cinquecento*—que la recuperación de la civilización clásica tiene para Petrarca y, luego, gracias en gran parte a su influencia, para la mente quattrocentista.

A partir de Petrarca, la tradición intelectual italiana de la segunda mitad del *Trecento*—Salutati—y del *Quattrocento* se desarrolla alrededor de dos tesis complementarias. Por un lado, la afirmación y la autoconciencia del nacimiento de una *nueva* civilización *contra* la de los siglos precedentes. Por otro, la necesidad de apoyar filosófica y vitalmente esta nueva civilización en los valores antiguos que no son únicamente italorromanos, sino «*mediterráneos*» (griegos, romanos y cristianos primitivos).

La conciencia del «abismo»—moral, cultural, estético—constituido por la *età buie*, entre la Antigüedad y la nueva época, es una constante. Según se ha visto ya, Cennino Cennini indica el antagonismo radical entre el «arte bárbaro» y el «renacimiento del arte». Leonardo Bruni en sus *Commentarii* (*c.* 1440) indica, con una curiosa voluntad de precisión, que los tiempos oscuros se han extendido a lo largo de siete siglos. Para Lorenzo Ghiberti el arte muere con la destrucción de las estatuas y templos antiguos a la caída de Roma en manos bárbaras. Antonio Averlino el Filarete, en su *Trattato dell' architettura* (1460-1464), aboga por la erradicación total de las «formas bárbaras» para conseguir el florecimiento urbanístico y arquitectónico de Italia. Mientras, Lorenzo Valla insiste en el carácter destructor de la Edad Media, no sólo de la cultura clásica, sino, asimismo, de los originales valores cristianos. El talante abiertamente antimedieval y «antinórdico» del *Quattrocento* queda sellado en los versos petrarquianos que elige Niccolò Machiavelli para concluir *Il Principe* (1513), el libro que en mayor medida representa a la «nueva voluntad» renacentista:

vertú contra furore
prenderà l'arme, e fia'l combatter corto,

ché l'antiquo valore
ne l'italici cor nom è ancor morto.

[la virtud contra el furor | tomará las armas, y sea en breve el combate | ya que el antiguo valor | no está aún muerto en los itálicos corazones].

Aunque su resurrección se realiza en Italia, este *antiquo valore* no es, para los renacentistas, únicamente italorromano. Por el contrario, uno de los rasgos más sobresalientes y más distintivos de la tradición postpetrarquiana es el entusiasta estudio de la Grecia antigua. Y ello es muy determinante, pues si durante la Edad Media se ha mantenido, mediante el latín, el conocimiento fragmentario de la cultura romana, la pérdida de la lengua griega ha conducido al desconocimiento textual de la cultura helena.

Hay una afirmación de Leonardo Bruni que es una declaración de principios en este tema fundamental: «En setecientos años nadie ha comprendido el griego en Italia y, sin embargo, reconocemos que todo saber viene de Grecia». Durante el fin de la Edad Media, y singularmente a partir del siglo XII, el creciente interés por la cultura griega antigua da pie a traducciones latinas de textos de Aristóteles, Ptolomeo, Galeno,

Hipócrates y otros autores; pero la mayoría de ellos se realizan no directamente desde el griego, sino desde el árabe. En los años finales del *Trecento* se observa, sin embargo, un cambio sustancial en la actitud de los estudiosos: la denuncia de la Escolástica coincide con la definitiva «desconventualización» de la cultura—los conventos han sido valiosos depósitos, pero también «cárceles» para ella—, de modo que el estudio de la Antigüedad, al mismo tiempo, gana en profundidad y se abre, a través de los *studios* y las universidades, a una dimensión social. Ello conduce a preocupaciones filológicas totalmente nuevas. Por un lado, a una investigación de las fuentes originales de los textos latinos capaz de subsanar el deterioro que durante la Edad Media ha sufrido tanto la herencia romana como la patrística cristiana latina. En este sentido la obra de Cicerón es objeto de una atención extraordinariamente influyente. Por otro lado, se advierte una verdadera obsesión por el aprendizaje de la lengua griega, el único camino para acceder al conocimiento de la antigua cultura helena.

La actitud italiana ante «lo griego» es aparentemente paradójica, pues debe enfrentarse a su repugnancia por la civilización bizantina. Para los intelectuales italianos Bizancio es al unísono la depositaria—especialmente por razones idiomáticas—y la tergiversadora de Grecia. En la oposición estilística entre la *maniera greca* (bizantina) y la *antica*, es decir, la clásica y la única reivindicable, se entrevé la acusación renacentista contra las formas estéticas bizantinas. Pero el antagonismo es más global: de la misma manera que el Medioevo «bárbaro» ha destruido la raíz latina, también Bizancio ha corrompido completamente la raíz griega. Ello, desde luego, no es óbice para aceptar que sólo a través de las bibliotecas bizantinas es posible acceder al conocimiento directo de los códices; y así en los primeros años del *Quattrocento* hay una verdadera migración de «buscadores de textos» italianos hacia el imperio bizantino y de «maestros de griego» bizantinos hacia Italia.

Este intercambio con Bizancio hace que el *Quattrocento* sea fundamentalmente «helénico». El más brillante tronco intelectual del Renacimiento se desarrolla a través de la Academia de Careggi—concebida en términos griegos—y de la labor traductora y difusora de Platón realizada por Marsilio Ficino. Hasta el punto de que en su *Apología* de 1487, Giovanni Pico della

Mirandola no duda en afirmar que sólo es posible llegar a una «filosofía total» más que a partir del pensamiento griego. Si con Petrarca y Salutati el ansia de una nueva civilización se vincula a la antigua Roma, en el *Quattrocento*, como se encarga de proclamar Poliziano, Florencia se siente la nueva Atenas.

XII
ESTETIZACIÓN DE LO RELIGIOSO

Junto con la reincorporación de las civilizaciones romana y griega, la nueva actitud ante el cristianismo es el tercer rasgo que define la especificidad «mediterránea» de la mente quattrocentista. Contra lo defendido por algunos intérpretes del siglo XIX, el Renacimiento no entraña un anticristiano retorno al paganismo; tampoco, contra lo que algunos han afirmado en este siglo, es un período de exaltación cristiana. Excepcionalmente se dan algunos proyectos—filosófico-morales, en su finalidad—de restauración del paganismo. Por su repercusión en Florencia y particularmente en Ficino y Pico della Mirandola, tiene una especial significación la defensa del paganismo realizada por el bizantino Jorge Gemisto, Pletón (1355-1452), el cual, amparándose en el platonismo, sostiene la superioridad moral del politeísmo helénico sobre los monoteísmos judío, cristiano y musulmán. Sin embargo, a pesar de que el pensamiento y la actitud de Pletón, principalmente por su insistencia en un humanismo antimedieval, merecería una atención mayor de la que le ha sido concedida—en parte porque pocos fragmentos de su obra han subsistido tras la quema de sus libros ordenada por el patriarca de Constantinopla Genadio II—, no es menos cierto que el suyo es un episodio aislado y, desde luego, no determinante.

Tampoco el pensamiento quattrocentista se distingue por un entusiasmo, tan relevante en los siglos precedentes, por la dogmática religiosa. Muy al contrario, siendo el de la reconciliación entre razón y fe uno de los problemas más arduos con el que se enfrentan los pensadores renacentistas, lo que éstos proponen es una reorganización filosófica y estética de la doctrina cristiana. En lo sustancial, para ellos, se trata de quebrar la rígida frontera entre la tierra y el cielo, entre lo natural y lo sobrenatural que el teocentrismo de la Edad Media había convertido en la esencia del cristianismo. La senda, en esta dirección, ha sido abierta por Dante, quien, en su periplo de autoconocimiento y purificación, al aspirar a la esfera espiritual, simbolizada por el reencuentro con Beatriz, lo hace guiado por la razón poética encarnada en Virgilio. Con Petrarca el tratamiento del cristianismo se orienta hacia los dos caminos que el *Quattrocento* hará suyos: por un lado, la reivindicación del cristianismo primitivo frente al cristianismo «bárbaro» y a la teología escolástica; por otro, la reordenación de los valores morales cristianos bajo la luz de la filosofía helénica.

En realidad, no es arbitrario establecer un estrecho paralelismo entre el rechazo estilístico del arte gótico y el rechazo teológico de la tradición cristiana medieval. Ambos son calificados como «bárbaros», es decir, construidos sobre la destrucción de la herencia grecorromana. Y así como las grandes catedrales góticas son consideradas como las más sofisticadas expresiones plásticas de una estética «bárbara», de la misma manera la monumental construcción lógica de la Escolástica es tenida por la consecuencia de una visión teológica que ha renunciado a los orígenes cristianos.

En la actitud renacentista ante el cristianismo la «mediterranización» cultural supone, esta vez, un retorno a los textos bíblicos, al Nuevo Testamento de ambiente helenista y a la patrística griega y latina. La filología se enfrenta a la dogmática, la moral a la teología. Petrarca apoya sus escritos religiosos no en los teólogos medievales—con la excepción de san Bernardo y algunos otros pensadores preescolásticos—, sino en los libros del primer cristianismo. Con el *Quattrocento* se generaliza la búsqueda de la «autenticidad cristiana» a través de una labor hermenéutica conducente a desenfrenar los textos originales hebreos y griegos. Lorenzo Valla traduce, desde el griego, fragmentos del Nuevo Testamento y Antonio Manetti, además de traducir, también, los Evangelios, realiza una versión de los Salmos desde el hebreo al latín. Paralelamente el prestigio de teóricos fundamentales del primer cristianismo, como san Pablo y san Agustín, este último descartado por la Escolástica—y restablecido filológicamente por Luis Vives mediante su comentario a *La Ciudad de Dios*—, sirve para rechazar la tradición teológica tardomedieval. Y el mismo Valla no duda en afirmar que desde Severino Boecio hasta Guillermo de Ockham todo el cuerpo doctrinal cristiano se ha «barbarizado» y en defender el retorno a san Pablo para destruir la dañina influencia de santo Tomás de Aquino.

No obstante, sería parcial entender que, al trocar el medieval por el primitivo, el pensamiento renacentista mantiene la «ortodoxia» del cristianismo. La realidad, por el contrario, es que—sin afirmarlo explícitamente—la destruye, pues la esfera religiosa es secularizada y transformada en moral. La medida del hombre se impone sobre la medida de Dios y la conciliación entre la tierra y el cielo no se realiza sino incorporando éste a aquélla. La religión que resulta de la crítica quattrocentista es una religión esencialmente simbólica, de carácter filosófico-moral.

Para comprender este resultado es esencial tener en cuenta que, por encima de todos los demás, el principal esfuerzo de los renacentistas es moldear una concepción del mundo que alimente y ampare el poder del hombre. Y es bajo este principio que se realiza la confrontación entre las tradiciones clásica y cristiana, y entre los elementos míticos de una y otra.

En el arte del *Quattrocento*, donde el poder del hombre se manifiesta a través de la prioridad absoluta de la belleza corporal, la conciliación de lo sagrado y de lo profano se desarrolla mediante una fusión estética. El tratamiento figurativo de los héroes y de los dioses antiguos es común con el de Jesucristo, la Virgen, los santos y los profetas. *La trasposición entre los cuerpos paganos y los cuerpos cristianos es total.* El arte de la Edad Media, junto con la iconología cristiana, había mantenido elementos iconológicos procedentes de la Antigüedad; pero sólo en el *Quattrocento* se realiza una síntesis figurativa religioso-profana. El tratamiento fisiognómico y morfológico de la Madonna no es muy distinto del de Venus y algo semejante puede decirse de los héroes del cristianismo en relación con los de la Antigüedad. Por esto el arte renacentista, como el griego, aunque aborde sujetos religiosos, no es, en manera alguna, un *arte religioso*. Las artes de predominancia religiosa o mágica—el egipcio, el maya o el gótico, por poner ejemplos muy distintos—crean un universo de formas rígidamente sujetas a una funcionalidad trascendente y catártica. De ahí la preferencia por el abstraccionismo, el hieratismo y la señalización. Su modelo es inconcreto, invisible, oculto. Para el arte helénico, como para el renacentista, no hay otro modelo que el hombre. El hombre, en su experiencia, es su «modelo natural»; el hombre, en su voluntad de perfección, es su «modelo ideal». El *Quattrocento* integra y sintetiza en la belleza física tanto el anhelo de inmortalidad cristiano como el deseo de gloria pagano.

XIII

HUMANISMO: LA MEDIDA DEL HOMBRE

> Busquemos en el hombre una característica que le sea peculiar mediante la cual explicar la dignidad que le es propia y la imagen de la sustancia divina que no tiene en común con ninguna otra criatura. ¿Y qué otra cosa puede ser sino el que la sustancia del hombre (como afirmaban también algunos griegos) acoge en sí, por esencia propia, las sustancias de todas las naturalezas y el conjunto del universo entero?
>
> GIOVANNI PICO DELLA MIRANDOLA

Al igual que el arte, el pensamiento de la Florencia quattrocentista absorbe y reorienta los legados clásico y cristiano. Si una finalidad permite definir el contenido del denominado Humanismo, ésta es la organización de un cuerpo teórico que justifique y cobije el poder del hombre. El movimiento humanista dista mucho de ser una escuela filosófica en un sentido restringido, y ni aun la gran hegemonía del platonismo permite catalogarlo de esta manera. Más bien se trata de un movimiento cultural-moral, esencialmente literario, que postula el abandono de la escatología y la teología medievales para defender una visión nueva de la vida humana. Sólo en una primera instancia el Humanismo se presenta como un programa de educación clásica, basado en los ideales de la Antigüedad. Su objetivo, considerado en profundidad, es más ambicioso: impulsar las bases civilizatorias que den firmeza a la individualidad e integridad del hombre.

Con insistencia se ha identificado el Humanismo con el platonismo florentino. Y ciertamente la autoridad del pensamiento de Platón —«nuestra guía infalible», como escribe Marsilio Ficino—es indiscutible, en especial en la segunda mitad del siglo XV. Pero, al mismo tiempo, es errónea la interpretación de las herencias filosóficas griegas en el sentido de que Aristóteles es patrimonio de la Escolástica tardomedieval y Platón, contra aquél, patrimonio del Renacimiento. El destino del aristotelismo en el *Quattrocento*, si deja de ser asimilado a la Escolástica tomista, es menos desafortunado de lo que normalmente se supone. E, incluso, puede afirmarse que entre los humanistas existe una marcada tendencia a conciliar las—consideradas entonces, en ausencia de los presocráticos—dos grandes herencias de la filosofía helénica.

El aristotelismo tiene desigual impacto en las tres tradiciones que median entre la Antigüedad y el Renacimiento. En la del Imperio bizantino las obras de Aristóteles, leídas directamente de los textos originales, no se estudian separadas del resto de la filosofía y literatura griegas, ni, lo que es más importante, en oposición a las de Platón. En la tradición latinocristiana, a lo largo de la Edad Media hasta el fin del primer milenio, el pensamiento aristotélico es, tal vez con la excepción de Boecio, prácticamente desconocido. Sólo la tercera tradición, la árabe, otorga a Aristóteles una magnitud que, quizás, es superior a la que nunca tuvo en Grecia. En contraste con su desinterés por la poesía y la literatura—y Platón, acaso, es considerado más poeta que filósofo—, los árabes mostraron un entusiasta interés por los escritos matemáticos, astronómicos, médicos y filosóficos de la Antigüedad. Y así figuras como Galeno y, especialmente, Aristóteles, traducidos desde el griego con amplitud, se constituyen en elementos fundamentales de la cultura árabe. Con Avicena y Averroes el pensamiento aristotélico adquiere un prestigio intelectual hegemónico. Y, de hecho, al final de la Edad Media, es este prestigio y la vigorosa divulgación que de él hace el judío Maimónides—en cuyo aristotelismo se hallan incorporados elementos del hebraísmo y del neoplatonismo helenista—el que influye determinantemente en la Europa cristiana.

Es elocuente que la aceptación del aristotelismo en el área latina tardomedieval se realice—diversamente a lo que ocurre, con posterioridad, con el Renacimiento—a partir de la tradición árabe y no de la bizantina. Aunque algunos textos son traducidos directamente del griego, la consolidación del pensamiento aristotélico en Europa a partir de mediados del siglo XII y su culminación como saber oficial de las universidades en el XIII, se desarrolla en base a las aportaciones árabes y a los comentarios de Avicena y Averroes.

Sin embargo, resulta erróneo otorgar al tomismo una función monopolizadora de las recepciones cristianas del pensamiento aristotélico. La obra de santo Tomás de Aquino, y su intento de fusionar la teología cristiana y la lógica de Aristóteles, es, sin duda, la más poderosa doctrina de la civilización tardomedieval. Mas no es posible olvidar el influjo de otras asimilaciones aristotélicas, como la de Duns Scoto, Guillermo de Ockham o de aquellos que se nutren directamente de los comentarios de Averroes—el equívocamente llamado «averroísmo» al que el mismo santo Tomás, a pesar de sus declaraciones, no es ajeno—. En el momento en que adviene el Humanismo, el aristotelismo tomista *no* es el pensamiento cristiano «oficial»—o, cuando menos, no lo es exclusivamente—. De hecho, hay que esperar hasta la obra de Francisco Suárez, y sus secuelas en la Contrarreforma, para que la doctrina escolástica adquiera un rango de oficialidad dentro de la Iglesia católica (aunque ésta no fuera codificada hasta 1879).

Por ello no puede sorprender que el Renacimiento al ser declaradamente antiescolástico no sea necesariamente antiaristotélico ni, viceversa, alinearse con el pensamiento aristotélico sea, como consecuencia, un signo antihumanista. Si se observa el caso de Pietro Pomponazzi (1462-1525), el más conocido seguidor de Aristóteles en el Renacimiento—dentro del denominado «averroísmo paduano»—, a quien se ha considerado tradicionalmente como antihumanista, se llega a la conclusión de que sus posiciones no se hallan muy alejadas de los propios objetivos del Humanismo. Pomponazzi es aristotélico pero acerbamente antiescolástico y, además, no sólo tiene fuentes clásicas comunes con los humanistas, como Cicerón, sino que respeta a teóricos platónicos como Ficino y Pico della Mirandola. Su preocupación por el tema de la inmortalidad del alma, que le lleva a escribir el controvertido tratado *De immortalitate animæ* (1516) está relacionada, a través de Ficino, con su lectura de Platón, y el «titanismo» que sostiene en *De fato* (1520) indica un interés en el problema de la dignidad humana que anda parejo con el de los humanistas platónicos.

En el *Quattrocento* la irreconciliabilidad entre Platón y Aristóteles todavía no es—como no lo fue en la Antigüedad—tan manifiesta como en la filosofía moderna. Y es necesario no delinear, en aquélla, el contenido intelectual del Humanismo. Así, por ejemplo, el más brillante de los humanistas de la Academia de Careggi, Pico della Mirandola, no rehúye la síntesis entre su ferviente platonismo y los elementos aristotélicos que él deduce de su lectura, no menos apasionada, de los autores árabes y de los hebreocabalísticos. Si algunos humanistas, como Ermolao Barbaro, adelantan el gran asalto contra el aristotelismo —que, en el siglo siguiente, puede resumirse en la figura emblemática de Galileo—, pensadores como Pico della Mirandola y su maestro Ficino todavía pretenden integrar el pensamiento de Aristóteles en una gran síntesis neoplatónica. Y por ello no resulta de extrañar que cuando Rafael pinta *La escuela de Atenas* (1509-1510) los dos filósofos griegos son presentados en el seno de una paradigmática unidad de la filosofía helénica.

No obstante, si el movimiento humanista no debe ser considerado abiertamente antiaristotélico, sí debe ser vinculado a un resurgimiento extraordinario del pensamiento platónico.

El destino de las tradiciones platónica y neoplatónica es casi simétricamente el opuesto al de la aristotélica. En la civilización árabe Platón se halla supeditado a Aristóteles y en contraste con la vasta traducción de las obras de éste, parece ser que tan sólo tres libros de aquél, *El Timeo*, *Las Leyes* y *La República*, fueron enteramente traducidos.

Bien es cierto que dispersos componentes del neoplatonismo helenista se incorporan a la cultura islámica y, a través de ella, influyen en el mis-

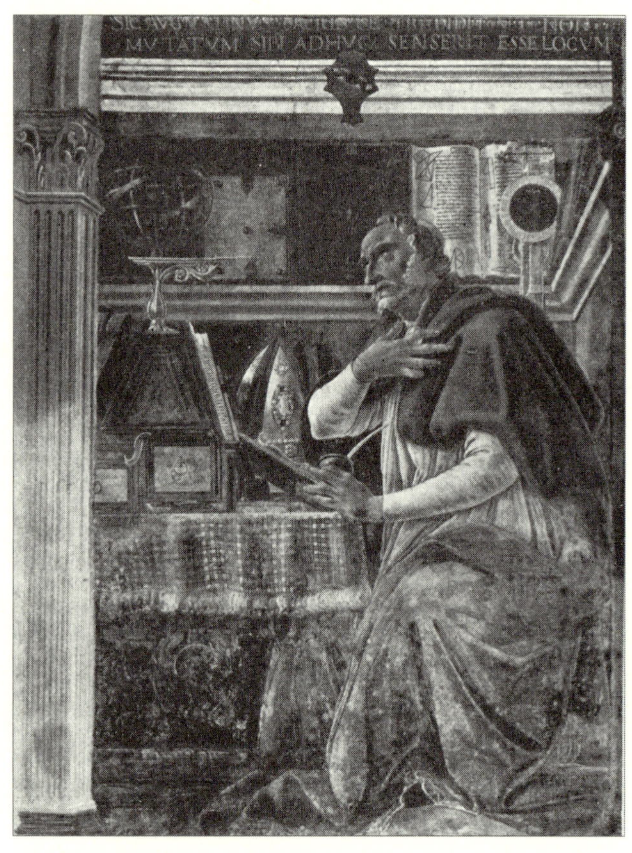

Nicolás Florentino, medalla con la efigie de G. Pico della Mirandola.

ticismo medieval hebreo (Ibn Gabirol, la Cábala); sin embargo, a pesar de ello, el pensamiento de Platón nunca llega a gozar, en los países del área musulmana, de la autonomía y autoridad que goza el de Aristóteles.

En el Imperio bizantino las obras de Platón, lo mismo que las de Aristóteles, pueden ser estudiadas mediante los textos originales griegos. Por un lado, a diferencia del mundo islámico, los bizantinos tienden a conservar una hipotética unidad del pensamiento antiguo sin realzar la importancia de la filosofía y la ciencia natural en detrimento de la literatura y de la historia. Por otro lado, desde un principio, la recepción de la tradición platónica—original—se halla estrechamente vinculada a las tradiciones neoplatónicas helenísticas (Plotino, Proclo) y al uso que, al vincularlas a la teología cristiana, hace de ellas la patrística griega. Es interesante observar—por su influencia indirecta en el Humanismo italiano—el carácter «mixto» de las enseñanzas de dos de los más destacados platónicos bizantinos: Miguel Pselo, en el siglo XI, promueve una filosofía platónica que incorpore los «oráculos caldeos» zoroástricos y el *Corpus hermeticum*, y Jorge Gemisto, Pletón, ya en el siglo XV, proclama una «teología» pagana en la que, bajo la égida de Platón, se hermanan los saberes legendarios de Zoroastro, Hermes Trismegisto, Orfeo y Pitágoras.

La importancia del platonismo-neoplatonismo en la tradición latinocristiana viene determinada por la obra de san Agustín, quien utiliza explícitas ideas de Platón y Plotino en sus escritos teológicos. Las teorías agustinianas de la naturaleza inmortal e incorpórea del alma humana y de la presencia de formas universales en la mente divina se apoyan en el substrato platónico que subsiste a través de la civilización romana—Cicerón—y, de un modo más general, a través de las escuelas helenísticas. Y, de hecho, a lo largo de la sequía filosófica de la Edad Media occidental, el agustinianismo—y el elemento platónico en él incorporado—es el único filón doctrinal que mantiene un cierto vigor hasta la irrupción de la Escolástica.

El platonismo de los humanistas a partir de Petrarca—quien es el primer italiano en acceder a un manuscrito griego de Platón, remitido desde Bizancio—está determinado por dichas tradiciones medievales. El agustinianismo les sirve para combatir el aristotelismo de corte tomista y la oposición entre las fundamentaciones cristianas de san Agustín y de santo Tomás es casi una constante. Agustiniana es, en gran parte, la teoría del cardenal de Cusa, de tanta influencia en todo el pensamiento renacentista, sobre la presencia de la mente divina en el Universo. Apoyado en san Agustín es, en fin, el proyecto humanista de reconducir el cristianismo hacia una doctrina moral.

Sin embargo, no hay duda de que es la influencia bizantina la que, en mayor medida, está en la base del florecimiento del platonismo en la cultura italiana de la segunda mitad del *Trecento* y del *Quattrocento*. Y ello en dos sentidos: el primero, porque permite el acceso a los textos originales y suscita un interés, desconocido en el Medioevo occidental, por la lengua griega; el segundo, porque determina el carácter «mixto» con que el *corpus* platónico es recibido en Italia.

La anteriormente aludida migración de gramáticos bizantinos a Italia y de intelectuales de este país a Constantinopla impulsa las traducciones al latín de las obras de Platón. Desde las versiones de Leonardo Bruni, material fundamental para el estudio del pensamiento platónico en la primera mitad del *Quattrocento*, hasta la vasta traducción de los escritos de Platón iniciada por Marsilio Ficino en la década de los sesenta del mismo siglo, prácticamente la totalidad de la obra del filósofo griego, así como muchos textos y comentarios de la tradición neoplatónica, se hacen accesibles a los estudiosos italianos.

En el platonismo de Ficino y de la Academia de Careggi—decisivamente influido por el legado «mixto» recibido desde Bizancio—confluyen las aportaciones neoplatónicas, especialmente de Plotino, con las sentencias legendarias zoroástricas, órficas y herméticas. En la *Theologia platonica* (1469-1474), Ficino recurre, por ejemplo, tanto a máximas atribuidas a Hermes Trismegisto («nuestra alma tiende a devenir todas las cosas, como Dios es todas las cosas») como a la famosa sentencia puesta en boca de Zoroastro («*O homo naturæ audentissimæ arficium*»); y conecta los tres principios míticos universales, Oromasis, Mitris y Arimanis a las tres columnas, Dios, Mente y Alma, alrededor de los cuales gira su filosofía simbólica («*Oromasis, Mitris, Arimanis, id est Deus, Mens, Anima*»). Para Ficino, como para el cardenal de Cusa, la mente divina penetra el entero universo y, paralelamente, el alma humana es el centro de toda la armonía universal. La «escalera platónica» le sirve para justificar la ascensión del hombre hacia Dios y su ulterior compenetración. La coherencia humanista del pensamiento ficiano culmina al considerar la irreductible inmortalidad del alma como la más alta expresión de la dignidad, también irreductible, de la condición humana.

Con la construcción de una filosofía moral fundamentada en la complementariedad de la inmortalidad y la dignidad, el Humanismo cataliza las tendencias de la cultura y el arte quattrocentistas. La divinización del hombre—encarnación viviente de la armonía divina—encuentra su mejor manifestación en la belleza del cuerpo humano y, en un sentido semejante, la grandeza de las construcciones artísticas no es sino las expresiones materiales de aquella grandeza espiritual.

Casi todo el arte de Florencia—especialmente en la segunda mitad del *Quattrocento* y los primeros decenios del *Cinquecento*—se halla impregnado de esta *Weltanschauung*. La influencia del Humanismo platónico en los grandes maestros de la etapa conclusiva del Renacimiento es incuestionable. En la iconología de

Botticelli, Rafael y Miguel Ángel pueden hallarse abundantes imágenes que visualizan aquella influencia. E incluso en Leonardo da Vinci, falsamente acusado de antiplatónico, si bien no de un modo explícitamente iconológico, no es difícil relacionar su búsqueda de «arquetipos de la belleza» con el ambiente florentino humanista al que, por formación, pertenece plenamente. Asimismo, en la arquitectura de la segunda mitad del siglo XV la forma clásica—impulsada contra el gótico por Brunelleschi y teorizada por Alberti—madura en la titánica aspiración, de raíz humanista platónica, por la cual una construcción no solamente debe reflejar, a través de la analogía entre los cuerpos humano y arquitectónico, la centralidad del hombre—según el ideal albertiano—, sino también la interconexión de éste con la mente divina en el seno de la armonía universal. Finalmente, es también muy grande la influencia de las doctrinas de la Academia de Careggi en la teoría musical renacentista. Marsilio Ficino mismo es autor de breves tratados musicales donde destaca la función de la música en la consecución del equilibrio anímico («la música es al alma lo que la medicina al cuerpo»), y tanto él como Platón—en especial las referencias del

Timeo a las proporciones musicales—, y los mitos, adoptados por el neoplatonismo, de Anfión, Orfeo y Pitágoras, serán repetidamente citados por Franchino Gaffurio, Vincenzo Galilei y los grandes teóricos musicales del siglo XVI.

Con la maduración del Humanismo en la época de Lorenzo el Magnífico, el pensamiento y —de un modo convergente—el arte quattrocentistas alcanzan su máximo esplendor. La exaltación de la belleza, individualidad y dignidad humanas arruina definitivamente la imagen medieval del hombre para otorgar a éste una condición prometeica. A lo largo de la Edad Media la capacidad del hombre es amputada en su aspecto principal: su capacidad creadora. Para san Agustín aquél «no puede crear» («*Creatura non potest creare*»); para santo Tomás de Aquino la acción creadora no puede ser aplicada sino al obrar de Dios. Por el contrario, con el Renacimiento el hombre adquiere el poder de «moldearse y esculpirse a sí mismo»—según la conocida definición de Pico della Mirandola—, de hacerse héroe de sí mismo y, como consecuencia, al modo de «*alter deus*», de poseer una plena autonomía creadora.

XIV
VOLUNTAD Y FORTUNA

Mas ¿qué puede serle vedado a la fortuna
si nuestras cosas socava y domina?
[...] aquello que al hermoso Julio el cielo destina
muestran los sueños y su dulce fortuna:
al principio dulce, demasiado amarga luego:
pero que raramente al mundo es siempre dulce.

POLIZIANO

Aquella aspiración expresada por Goethe de que la inmortalidad no fuera un don de todos los hombres, sino sólo de aquellos que, por sus actos, se hicieran merecedores de ella, tiene un valioso precedente en una afirmación que Pico della Mirandola pone en boca de Dios en su *Oratio de hominis dignitate*:

No te he dado, Adán, ni un puesto determinado, ni un aspecto tuyo propio, ni ninguna prerrogativa tuya, porque aquel puesto, aquel aspecto, aquellas prerrogativas que tú deseas, todo, según tu voluntad y juicio, lo obtengas y conserves. La naturaleza determinada de los otros [seres] está contenida en leyes por mí prescritas. Tú te la determinarás, sin estar condicionado por ninguna frontera, *según tu arbitrio, a cuya potestad* te consigno. Te puse en *el centro del mundo*, para que tú descubrieras mejor todo lo que hay en él. No te he hecho ni celeste ni terrestre, *ni mortal ni inmortal*, para que tú mismo, *libre y soberano artífice*, te plasmaras y esculpieras en la forma por ti elegida. Tú podrás degenerar hacia las cosas inferiores, hacia los brutos; tú podrás regenerarte, según *tu voluntad*, hacia las cosas superiores que son divinas.

Difícil sería hallar en toda la literatura del *Quattrocento* una página que supiera concentrar tan admirablemente las concepciones humanistas. No se trata en ella del «descubrimiento del hombre», como se ha venido repitiendo a partir de la afirmación, afortunada pero equívoca, de Burckhardt, sino de la «instauración» de un *tipo distinto* de hombre.

En el mundo dualista de la Edad Media una frontera insalvable separa el mundo divino del mundo humano. El cielo es inalcanzable desde la tierra, la inmortalidad es inaprehensible por los mortales, el destino reina sobre la libertad. Salvar este abismo es la consecuencia de la *gracia* divina, no del derecho humano. En la aseveración de Pico della Mirandola aquella frontera queda hecha añicos por la mayor de las conquistas del hombre renacentista: *la voluntad*. Si se busca un común denominador a los numerosos escritos humanistas sobre la dignidad—en Poggio, Valla, Manetti, Alberti, Pico della Mirandola, entre otros—la nueva función de la voluntad es quizás el más sobresaliente. En ella se basa la capacidad humana de libertad; por ella, como escribe Pico della Mirandola, el hombre es capaz de elevarse más allá de su mortalidad.

Un motivo iconológico no infrecuente en el *Quattrocento* es el de la lucha entre Hércules y la Fortuna. Al parecer el mismo tema es representado en varias fiestas cortesanas, especialmente en los últimos años del siglo XV y principios del siguiente. En la mayoría de los casos la figura de Hércules simboliza a la *fortezza* ('fortaleza'). Pero al contrario de lo que la presencia del héroe mitológico podría hacer creer, aquélla no es asimilada a la fuerza física, sino a una potencia mucho más compleja. A finales del *Cinquecento*, Giordano Bruno, en el *Spaccio de la bestia trionfante* (1584), nos da una definición de ella que, probablemente, no se halla muy alejada de la simbolización quattrocentista: «[la fortaleza] es tutela de Virtudes, única custodia de la Justicia, torre singular de la Verdad, [...] *dominadora de la Fortuna*».

Tanto en la *fortaleza* de Bruno como en el *poder de la voluntad*—y la subsiguiente capacidad de libre arbitrio—de Pico della Mirandola y otros humanistas, se halla implícita una potencia opuesta, antagónica; y ésta no es otra que la *Fortuna*. La *lucha entre los poderes de la voluntad y de la Fortuna*, o, si se quiere, de la libertad y de la necesidad, el destino o el hado, está en el centro del pensamiento renacentista y es uno de sus elementos más definitorios.

La aceptación de esta lucha es la que tiñe de sentido trágico a la cultura helénica. Toda la lírica griega arcaica y, por supuesto, la tragedia se hallan poseídas por el sentimiento—al mismo tiempo impotente y heroico—de este combate. Baste, para recordarlo, lo escrito por Esquilo en *Los siete contra Tebas*: «y su coraje es superior a la inflexible ley de la necesidad». Por el contrario, uno de los rasgos que, en mayor medida, definen la civilización cristianomedieval, es la ausencia de aquella confrontación. El hombre medieval siente el mismo horror que el helénico ante las veleidades de la Fortuna, pero, a diferencia de éste, no ve la posibilidad—o la conveniencia—de hostigarla. En la literatura griega la grandeza de un héroe se mide por su capacidad de enfrentarse a su propio destino: y ello ocurre desde sus mismos inicios cuando Aquiles se enfrenta a su suerte, y aun a los dioses—celadores de aquélla—, en aras, únicamente, de su gloria. La gloria máxima del hombre medieval—superior incluso, al honor guerrero y a la lealtad patriótica—es su acatamiento del dictamen de Dios, depositario supremo de las venturas y los infortunios.

El hombre renacentista, también en este aspecto, adopta una posición semejante a la del antiguo. Como éste, y frente al proceder medieval, él recupera la necesidad del combate entre la voluntad y la Fortuna. El cambio de actitud es ya significativo en el tratamiento iconológico de este tema. Durante la Edad Media, la Fortuna, simbolizada en la «rueda», atrapa al hombre para encumbrarlo o hundirlo sin que éste le oponga resistencia; en el Renacimiento, aunque en algunas ocasiones se mantiene la representación medieval, aparece un nuevo tratamiento: el hombre y su Fortuna comparten una barca, y si una guía la vela, el otro mantiene el control del remo.

La tensión entre la Fortuna y la voluntad humana aparece como una constante del pensamiento quattrocentista. En *Fatum*, Leon Battista Alberti, quien se halla atribulado por la labor aniquiladora de la Fortuna, compara a la voluntad humana en su enfrentamiento con ésta al nadador que, seguro de su vigor, hace frente a las corrientes adversas. Es consecuente con la concepción renacentista del mundo, cuyo eje es la búsqueda de poder para el hombre, que lo que escapa a este poder, lo indeterminado, lo imprevisible, se convierta en un centro de reflexión y de protesta. La acusación titánica contra la Fortuna es, desde Petrarca, un tema frecuente en la poesía italiana.

Frente a la capacidad creadora, la Fortuna se erige en la potencia destructora por excelencia. Incluso, muchos años más tarde, a ella culpa Vasari del acontecimiento histórico que significaría el principio del fin del Renacimiento, la muerte de Lorenzo de Médici: «La fortuna, *enemiga del genio*, destruyó las esperanzas de las gentes de mérito, arrebatando a Lorenzo de Médici» (*Vite*).

Frente a la Fortuna no hay, pues, desprecio, sino temor ante sus efectos y resistencia ante su arbitrariedad. La contradicción entre voluntad y Fortuna, entre libertad y necesidad, entre creatividad y fugacidad vitaliza y conmueve la cultura y el arte de la época. Por ello, contra una afirmación absurdamente extendida—y tal vez fundada en su absorción por parte del Racionalismo y la Ilustración—, no es el Renacimiento un período «optimista», confiado ciegamente en el futuro de la humanidad, sino más bien una etapa cuyos principales exponentes intelectuales no pueden hurtarse al sentimiento trágico de que las construcciones de los hombres llevan en su entraña el embrión de su destrucción.

La atención en el *poder de la voluntad* lleva al Renacimiento a recuperar uno de los mitos más decisivos de los creados por el hombre para simbolizar su propia fuerza: el mito de Prometeo. Éste—como, en general, la mayoría de la mitología clásica—no desaparece con el Medioevo, sino que es transformado y vaciado de su primitivo significado. Algunos de los escritores cristianolatinos—Tertuliano, Lactancio, san Agustín—aluden a él, pero para referirse a la mixtificación pagana de la fuente genésica bíblica. Para ellos, lógicamente, el único Prometeo posible es Dios Creador. El Renacimiento, por el contrario, no solamente restablece el mito original—el de la tragedia ática—, sino asimismo el *espíritu prometeico*. En su libro *Genealogia deorum gentilium* (1347-1360), Boccaccio atribuye a la figura simbólica de Prometeo el paso del «hombre con existencia», el vinculado con las demás fuerzas naturales, al «hombre creador» que se diferencia de ellos y los supera por su potencia espiritual. Prometeo se convierte en la literatura del Renacimiento—y ésta es la herencia literaria moderna del mito—en el portador de la fuerza civilizatoria del hombre, en la personificación primigenia de su capacidad cultural-científica y en el símbolo de la rebelión de la voluntad contra el destino.

A finales del *Quattrocento*, con Maquiavelo, la exaltación tácita del espíritu prometeico del hombre alcanza una de sus exposiciones más descarnadas. Maquiavelo es uno de los más audaces refutadores de la soberanía de la Fortuna.

En *Il Principe* sostiene una curiosa teoría por la cual concede a ésta la mitad de cada una de las acciones humanas, reservando, empero, la otra mitad, a la osadía del hombre para hacer prevalecer su voluntad. Sin embargo, la importancia de Maquiavelo es ampliar el espíritu prometeico, ir más allá del elogio de la capacidad creativa para aceptar la lógica implacable de su capacidad destructiva. En su desprejuiciado análisis de la condición humana, Maquiavelo es un ardiente defensor de la potencialidad inmensa del hombre «virtuoso»—la «virtud» no es, para él, una cualificación moral, sino, precisamente, la expresión del poder de la voluntad—, mas, al mismo tiempo, es un lúcido conocedor de la destructividad que aquélla, de modo inevitable, lleva consigo. Consecuentemente el héroe maquiaveliano absorbe, en su lucha contra el destino, tanto la energía del bien como la del mal.

Ésta es una innovación radical que, sin embargo, tiene un precedente fugaz en el mismísimo Dante. Cuando en el Sexto Círculo del Infierno—es decir, el de los condenados porque en ellos ha prevalecido el *mal*—Dante habla con condescendencia e, incluso, admiración del gesto altanero de Farinata degli Uberti, ¿no siembra, acaso, una semilla de la cosecha que luego recogerán hombres como Maquiavelo o Bruno?

En la persecución, casi desesperada, pero sobre todo titánica, del poder de la voluntad humana, el Renacimiento orienta el mito antiguo de Prometeo hacia un nuevo mito que le es propio: el mito de Fausto. Hostil a la omnipotencia de fuerzas ajenas a su identidad—sean éstas el Dios medieval o la Fortuna—, el hombre renacentista inaugura el deseo de totalidad, la insaciabilidad de conocimiento, la confianza absoluta en la individualidad que conducen a la grandeza y tragedia del hombre moderno.

XV

DE PROMETEO A FAUSTO: EL ARTISTA COMO GENIO

El quebrantamiento del mundo dualista medieval y la reivindicación de un espacio de libertad en el que el hombre, con el ejercicio de su voluntad, es capaz de hurtarse al determinismo de la Fortuna, o al menos combatirlo, hace que la civilización renacentista ponga en un primer plano a la identidad individual. Cuando en el siglo XVI Michel de Montaigne en sus *Essais*—una de las «recapitulaciones» más lúcidas del Renacimiento—escribe que «cada hombre lleva la forma entera de la condición humana», en realidad formula un principio que ha venido delineándose desde Petrarca. El Renacimiento crea el ideal de una humanidad autosuficiente y autónoma: y cada individuo es, consecuentemente o no—de ello depende la «divinidad» que anhelará Pico della Mirandola y de ello la «inmortalidad» que, tres siglos después, demandará Goethe—el portador de este ideal.

En el arte del *Quattrocento* el triunfo de la individualidad se confirma en dos sentidos complementarios. Por un lado, *en la obra de arte* se impone totalmente la individualización de caracteres; por otro, *en el artista* se desarrolla la conciencia de que el acto artístico es un proceso de creación autoexpresiva, independiente, personal. Si hay dudas fundadas sobre *cuándo* el estilo renacentista se emancipa definitivamente de los modos estilísticos anteriores, no puede haberlas en el hecho de que esta nueva «ideología» del arte y del artista empieza con el inicio del *Quattrocento*. Ni Giotto ni los trecentistas sieneses perciben todavía la cristalización de la individualidad tal como ya puede observarse en la práctica totalidad de las obras de Donatello y Masaccio. Desde los mismos inicios del siglo el retrato, sea como tema exclusivo, sea incorporado a conjuntos más amplios—como es el bien conocido caso de Benozzo Gozzoli—, se convierte en uno de los géneros preferidos. De igual modo, el «retrato indirecto», por el cual se otorgan rasgos de personas vivientes a personajes históricos o mitológicos, se convierte en una práctica generalizada. Finalmente, en el autorretrato el arte quattrocentista hace coincidir el carácter individualizador de la representación artística con la nueva conciencia de subjetivismo y autonomía del artista.

Pero para comprender la complejidad del individualismo renacentista hay que tener en cuenta, de nuevo, que no se trata de un mero «descubrimiento del hombre», sino de la afirmación de un determinado *tipo* de hombre. El individuo se vincula a la entera condición humana y, a través de la infinita potencialidad que concede a ésta, se eleva idealmente sobre su mismo *yo*. El que se afirma en el Renacimiento no es un individualismo defensivo, asocial, sino que es ideal, heroico. La conciencia de autograndeza del individuo no es independiente de la conciencia de autograndeza de la época, y viceversa.

El Renacimiento, a diferencia de otros períodos—y no sólo anteriores—, tiene una singular percepción del propio pulso. Todavía en sus raíces, Petrarca es capaz de escribir, con tanta clarividencia como confianza: «cuando la tiniebla se rompa, la generación por venir puede llegar a alcanzar el camino que retorne al claro esplendor del antiguo pasado» (*Africa*). Las declaraciones de los quattrocentistas sobre el admirable desarrollo del arte y de la cultura florentinos son tan abundantes que no dejan ninguna duda acerca de la alta estima que—hecho históricamente infrecuente—ellos mismos tienen de su época. En *De pictura*, Alberti, en una reflexión que es muy representativa de este sentir, cuenta que, atrapado por la melancolía durante su exilio, el solo retorno a Florencia y la contemplación de las obras de Brunelleschi, Donatello, Masaccio, Ghiberti y Luca della Robbia es suficiente para reavivarle la fe en la vida. La misma idea, oficializada en aquel entonces, de que, como una nueva Atenas, la ciudad de Florencia, siguiendo las estelas de Dante, Giotto y Petrarca, es el centro canalizador de la resurrección moral, artística y cultural del hombre, explica bien a las claras el sentimiento de autograndeza que se halla impregnado en el espíritu quattrocentista.

Esta exaltación de la propia época—paradójica o, quizá, lógicamente de un modo semejante con lo que sucederá, siglos después, con el odio del Romanticismo a la suya—entraña una casi violenta heroización del hombre como individualidad. Las mentes renacentista y romántica tienen en común el valor absoluto que se concede a la autoafirmación y la consiguiente negación de límites a la potencialidad subjetiva; y, de hecho, como los románticos sabrán observar con su elogio de la Italia renacentista, sería ilustrador hablar de un espíritu romántico incrustado en el pensamiento y en el obrar del Renacimiento. No hace falta, para comprobarlo, esperar a Giordano Bruno y a sus «*eroici furori*». Basta leer algunos pasajes de Pico della Mirandola para comprobar el titanismo que alienta en el mismo *Quattrocento*:

> Los milagros del espíritu son *más grandes que el cielo*... Sobre la tierra no hay nada grande sino el hombre, y en el hombre no hay nada grande sino su mente y su espíritu. Si te elevas a través de éstos, asciendes más allá del cielo. [*In astrologiam*].

Por supuesto, para Pico della Mirandola, no todo hombre entra en esta definición. De la misma manera que sólo los hombres que saben hacer de su voluntad su fuerza alcanzan la divinización, sólo aquel que es capaz de elevarse a través de su potencia creativa—su mente, su espíritu—es apto para ultrapasar al cielo mismo. El pensamiento renacentista es selectivo y, en este sentido, aristocrático.

El hombre, según su elección, permanece en la esfera de los seres inferiores o, por el contrario, se alza hacia un mundo superior.

Evidentemente, pasando otra vez al terreno del artista, esta concepción, unida al nuevo estatuto creador que, frente a la labor mecánica del artesano medieval, Florencia ha otorgado al artista, deriva, inevitablemente, en la teoría del *genio*.

En el *Quattrocento* surge, por primera vez en la historia occidental, la figura del artista como ser superior al resto de la humanidad y, además—cosa impensable en la Edad Media cuando las realizaciones prevalecían sobre el anónimo artífice—, como ser superior a su propia obra. En la conciencia florentina, Dante, Giotto y luego Petrarca son los primeros artistas que aparecen con la nueva aura. Siendo extraordinariamente consideradas las obras de todos ellos, todavía lo son más sus personalidades y una estela de sobrehumanidad les otorga caracteres legendarios. «*Il Divino*», como epíteto aplicado a un artista, surge con referencia a ellos en las crónicas quattrocentistas. En la primera mitad del siglo XV—y con el valor añadido de la contemporaneidad—, la misma apreciación merecen hombres como Brunelleschi, Donatello o Masaccio. Para tener en cuenta un ejemplo decisivo para los ciudadanos florentinos, el culto que se rinde a Brunelleschi no es menor al orgullo que para toda la sociedad representa la basílica de Santa Maria di Fiore.

A partir de la segunda mitad del siglo XV, ya no sólo el artista es considerado como un ser distinto, sino que él mismo *vive* como tal. Él mismo se impone, y considera propio de su quehacer, una conducta *diferente*. La soledad, el aislamiento, la *stravaganza* se relacionan cada vez más estrechamente con la actividad creadora. En cuestiones referentes a su obra—y ello, en realidad, es también su vida—, el artista no rinde cuentas más que ante sí mismo. En las crónicas de su tiempo el escultor Niccolò dell'Arca es descrito como «*fantasticus* [*erat*] *et barbarus moribus*». Piero di Cosimo, según la biografía de Vasari, olvida, en su obsesión artística, toda norma social, hasta refugiarse en una cerrada misantropía. Al trabajar en *La última cena*, Leonardo da Vinci pasa días y noches enteras sin abandonar su obra, para luego, inopinadamente, ausentarse de ella por semanas y, aun, por meses. Miguel Ángel no permite la entrada a nadie—ni al papa—cuando se halla trabajando y es quien lleva a sus posiciones más radicales la necesidad de una «vida distinta»:

Non ha l'habito intero
Prima alcun, c'ha l'estremo
Dell'arte et della vita.

[No posee el total hábito | sino quien se halla en lo extremo | del arte y de la vida].

La experiencia verdadera, para Miguel Ángel, sólo se adquiere en los límites extremos de la existencia.

Las relaciones del artista con la moral colectiva se hacen paulatinamente conflictivas. Difícil es encontrar a uno solo de los grandes artistas de los decenios finales del *Quattrocento* cuya vida familiar—normalmente inexistente—y social sean acordes con las normas establecidas. Pero en estos años se hace evidente en el artista otra conflictividad más importante: *el conflicto consigo mismo.*

La consolidación de la teoría de la «obra perfecta», de la «belleza ideal», fraguada en la forja filosófica del platonismo florentino, hace que el artista se vea impulsado a una carrera desenfrenada con su propia capacidad de creatividad. Una tensión a menudo insoportable, como en los casos de Piero di Cosimo y Miguel Ángel, una tensión que conduce, en ocasiones, a la obra inacabada, al «*non finito*», como en Leonardo, se origina entre la concepción y la realización, entre la desmesurada ambición de alcanzar formas ideales y la desesperada comprobación del limitado campo ofrecido por lo material. Una tensión, en definitiva, entre los círculos de la realidad y los de la subjetividad.

La superposición de estas tensiones—entre lo humano y lo sobrehumano, entre lo social y lo individual, entre lo material y las formas perfectas de la belleza—, unida a la liberación teórica, realizada en los medios de la Academia de Careggi, del concepto de «*furore*», de la inspiración subjetiva como vínculo del hombre con el misterio de la armonía universal, crea las condiciones para que el Renacimiento acoja en su seno el surgimiento de lo que más tarde se llamará «*genio*».

En el «genio» se resume la condición prometeico-fáustica del hombre renacentista. De un lado, la virtualidad titánica, la afirmación—mirandoliana y maquiaveliana—del poder ilimitado del *Yo*, que puede hacer decir a Miguel Ángel que «el artista sólo puede ser superado por sí mismo». De otro lado, el castigo provocado por la ambición de totalidad, la frustración de la belleza ideal inalcanzada, la melancolía por una grandeza intuida e imposible, la soledad de quien al aislarse de la sociedad se siente, al mismo tiempo, marginado por ella.

XVI
LA RAZÓN RENACENTISTA COMO SUEÑO DE TOTALIDAD

Antes de que adviniese al hijo de Japeto
el pensamiento doloroso por el triste robo,
gobernaba en el tiempo áureo el sereno
Saturno el mundo bajo justo imperio.
El vivir humano era más largo y alegre:
era y parecía una misma cosa lo verdadero.

LORENZO DE MÉDICI

La noción de «razón humana» que toma cuerpo en el pensamiento quattrocentista es sustancialmente distinta a la que presidirá la «Edad de la Razón». La importancia que concede la cultura humanista a la «crítica científica»—objetiva, analítica, experimental—no puede ser desconsiderada, a pesar de algunas interpretaciones negativas a este respecto. Además, la relación entre arte y ciencia es, en el *Quattrocento*, más estrecha que, quizás, en ningún otro período de la historia del arte. La matemática, la geometría y la anatomía en un primerísimo plano, pero también «ciencias naturales» como la biología, la geología o la botánica se benefician de la concepción renacentista del arte. Las principales «teorías del arte»—Alberti y Piero della Francesca en la geometría y la matemática, Leonardo en la multiplicidad de las disciplinas científicas—se basan en la importancia de aquella relación.

Sin embargo, la «razón humana» en el *Quattrocento* no se restringe a la «crítica científica». Tanto el arte como el movimiento humanista aceptan la existencia de un conocimiento intuitivo-mágico que corre a la par del conocimiento científico. Desde luego la magia y la astrología «vulgares», abundantes en los medios cortesanos, son objeto frecuente de despiadadas críticas por parte de los humanistas; pero, al mismo tiempo, la coherente sustentación del platonismo—que penetra toda la vida cultural florentina durante la actividad de la Academia de Careggi—implica la posibilidad, e incluso la necesidad, de un conocimiento intuitivo-mágico. La conexión del *anima mundi* con el alma individual humana, en el seno de la armonía universal, requiere una confianza en la subjetividad que va más allá de lo percibido por el análisis y la experiencia. La misma ambición fáustica de un «saber total» favorece este carácter pluridimensional del conocimiento y el intento humanista de conciliación entre sus vertientes científica y mágico-intuitiva. Marsilio Ficino utiliza las tradiciones órfica, pitagórica y hermética; Pico della Mirandola recurre a elementos cabalísticos y astrológicos (la interpretación de los astros es relacionada con la armonía del Universo); pintores como Botticelli y Signorelli emplean simbolismos mágicos en sus obras. El mismo papel primordial ocupado por la matemática a lo largo de todo el siglo XV tiene mucho que ver con su capacidad de absorber los distintos conocimientos. Un ejemplo famoso de esto es el ya aludido problema del «*numero d'oro*», defendido por Alberti y otros, convergencia ideal de lo científico y lo mágico.

La afirmación de un conocimiento intuitivo cuyo alcance traspasa las fronteras del conocimiento positivo, favorece, obviamente, una concepción compleja del arte. Al lado del arte como «ciencia» se consolida, especialmente por la influencia del platonismo, la consideración del arte como «inspiración». Pero es clave tener en cuenta, para comprender la especificidad de la mente quattrocentista, que ambas vertientes—ciertamente en permanente tensión—se integran *dentro* de la noción renacentista de «razón humana». No cabe hablar, pues, de un «arte idealista» ni, todavía menos, de una «racionalidad» enfrentada a una «irracionalidad». En realidad la escisión de entre ambos planos no se producirá hasta bien avanzado el *Cinquecento*, cuando Giordano Bruno opondrá «furor» a «razón», y teóricos del arte como Raffaele Borghini y Federico Zuccari, atacarán a la matemática como coaccionados del espíritu.

A finales del *Quattrocento* la aceptación, de carácter platónico, del principio de la «inspiración»—*furor divinas*—se templa y se modera al entrar en contacto con la propia tradición del arte quattrocentista, curtida en la aproximación empírica a la realidad. Ninguno de los artistas que comparten las concepciones platónicas—y, menos que nadie, el que lo hace más ardientemente, Miguel Ángel—olvida sus observaciones anatómicas, matemáticas o geométricas para abandonarse al «*raptus*» creativo. La experiencia y la subjetividad son fuerzas en contradicción, pero no en irreductible oposición.

Al carácter monista e integrativo de la «razón humana» le corresponde, pues, un principio estético que, al menos tendencialmente, es también integrativo y monista. Los conceptos aristotélico de la «mímesis» y platónico de la «inspiración» no se encuentran disociados en ninguna de las principales reflexiones quattrocentistas sobre el arte. En *De pictura*, Alberti alienta tanto a la imitación de los Antiguos como al uso de la propia invención. Piero della Francesca ve en la matemática el instrumento que fusiona la experiencia de la realidad con la especulación subjetiva. Leonardo da Vinci, quien tanto insiste en la observación minuciosa de la realidad, aboga asimismo para que «(el pintor), a través del dibujo, muestre al ojo en forma visible la idea e invención que existe primeramente en su imaginación».

De todo ello resulta el gran proyecto—o el gran sueño—renacentista del hombre como unidad totalizadora. La «razón humana», íntegra e integradora, está en condiciones de superar las instancias escindidas del dualismo medieval. La relación entre el Yo y el mundo, entre el espíritu y la naturaleza, entre el sujeto y el objeto e, incluso, audazmente, entre la tierra y el cielo, entre la libertad y el destino, es considerada una *coincidentia oppositorum. El poder de la voluntad es el principio motor de esta relación; la belleza, su síntesis suprema.*

El arte es, para la Florencia quattrocentista, la sola actividad humana, capaz de regir lo que Pico della Mirandola denomina *humanitatis unitas*; es decir, la unidad totalizadora del género humano. El arte asume a la moral y a la ciencia como consecuencia de que la belleza, su fin, acoge en su seno al bien y a la verdad. El primado de la conciencia estética y el carácter universal del arte se impone, tendencialmente, a lo largo del siglo XV y adquiere su formulación más rotunda bajo la influencia del humanismo platónico.

Es lógico, pues, que sea en la figura del artista donde se conjugue la ambición totalizadora del hombre renacentista. Él marca la pauta de lo que ha sido llamado «descompartimentación del saber» en el Renacimiento: el conocimiento del artista debe ser universal, como universal debe ser el alcance de su obra. En el prefacio a su *De re ædificatoria*, Leon Battista Alberti define a su prototipo de arquitecto como un héroe del conocimiento, capaz de una global concepción ideal, de un riguroso poder analítico y, finalmente, de un exacto sentido de la organización material. En *De pictura* llega a conclusiones semejantes con respecto a los requisitos del pintor. Sin embargo, es Leonardo da Vinci quien, de un modo casi obsesivo en sus escritos, reivindica y exige la universalidad del artista. Leonardo hace del arte el instrumento del conocimiento superior y concede a las artes visuales y en especial a la pintura, un poder omnicomprensivo:

El arte de la pintura tiene un carácter divino al transmutarse el espíritu del pintor a semejanza del espíritu de Dios. Pues, con libre potencia, crea esencias diversas: animales, plantas, frutas, paisajes [...] lugares de miedo y espanto, que aterrorizan al espectador, lugares suaves y encantadores... [*Trattato*].

El arte integra los saberes científicos tanto como las actividades morales y psíquicas del hombre. Es, por tanto, el lugar de confluencia de todos los conocimientos, tanto de los objetivos como de los subjetivos. La contrapartida es inmediata y se halla explícitamente en la anterior cita leonardiana: *el arte no es, para el hombre, sólo el receptor universal, sino también su única fuente de universalidad.* El único camino, a través del cual, en analogía con Dios, él puede engendrar un mundo físico (objetos, paisajes, figuras) y también un mundo que refleje el caudal de las emociones subjetivas (el miedo, el encanto, el terror). Alberti, que también apunta hacia la universalidad del arte, todavía trata de fundamentarla en su carácter armonizador y reunificador. Para él, la belleza de una obra artística depende de «una cierta armonía racional de todas las *partes*, de modo que todo añadido, toda supresión, todo cambio no haga sino comprometerla» (*De re ædificatoria*). Para Leonardo es distinto. Para él no se trata de que la obra de arte sea un conjunto, lo más perfecto posible, de partes, sino de que sea una *síntesis*, superior, de conocimiento y de poder.

XVII

APOLO Y SATURNO

> Llamamos arquitecto a quien ha aprendido, con verdadera y maravillosa razón y directriz en la mente y en el alma, a imaginar y, asimismo, llevar a cabo en la práctica todas las cosas que mediante movimientos de cargas, y el entrelazamiento y unión de cuerpos, mejor se adapten a las necesidades de los hombres. Pero para que pueda realizar esto es necesario que conozca y domine cosas óptimas y excelentes.
>
> LEON BATTISTA ALBERTI

Cuando en 1492 muere Lorenzo de Médici y Girolamo Savonarola publica *El Triunfo de la Cruz*, Florencia ha llegado ya a la cota de su gran sueño y ha empezado a intuir las trágicas consecuencias de su imposibilidad para llevarlo a la práctica. La extraordinaria energía del *Quattrocento* todavía se extenderá hacia los primeros decenios del siglo siguiente, e incluso culminará en los proyectos universales de Leonardo y Miguel Ángel, pero incrustada en esta energía—y, a veces, por una fecunda paradoja, fructificándola—late, cada vez con más violencia, el desaliento del despertar tras un sueño desmentido. El puritanismo antiartístico de Savonarola, que traumatiza la vida florentina de los últimos años del siglo XV, es tan sólo el síntoma más espectacular, pero no el más importante, de los fantasmas que lastran, y acabarán por congelar, el gran impulso renacentista. El síntoma más importante no se halla en las filas hostiles al Renacimiento, sino entre los más fervientes partidarios de éste.

Como ningún otro, el mito de la «Edad de Oro» permite comprobar el fascinante choque entre poder e impotencia en el período decisivo del Renacimiento. Para la tradición humanista, siguiendo las huellas clásicas de Hesíodo y Virgilio, la «Edad de Oro» original, saturniana y preolímpica, correspondía al tiempo legendario en que el hombre vivía de acuerdo con la «razón natural» en un estado espontáneo de libertad y belleza. El fervor humanista por la Antigüedad le hace extender, en ocasiones, esta época prístina hasta el mundo clásico. Sin embargo, a partir del momento álgido del platonismo, y coincidiendo con la hegemonía de los Médici, Florencia no sólo siente la nostalgia de la primitiva

«Edad de Oro», sino que reivindica para sí una versión de aquélla.

Si en la época cantada por Hesíodo el hombre vivía en el espíritu de la «razón natural», ahora es la «razón artística» la que sostiene el nuevo florecimiento. Como escribe Ficino:

Nuestro siglo, nuestra *edad de oro* ha restituido las artes liberales, antes casi abolidas: gramática, poesía, retórica, pintura, arquitectura, música y el antiguo canto de la lira de Orfeo. Y esto en Florencia.

El mismo Lorenzo añora, en sus *Selve*, el retorno del tiempo áureo. Y, de hecho, la identificación de la «Edad de Oro» con el principado mediceo se confirma cuando, al restablecerse éste en 1512 con Juliano, los grandes festejos organizados incluyen un «Triunfo de la Edad de Oro» y se cantan los versos de Jacopo Nardi que aluden a él:

... come la fenice
Rinasce dal broncon del vecchio alloro,
Così nasce del ferro un secol d'oro

[... como el fénix | renace desde la rama seca del viejo laurel, | así nace del hierro un siglo de oro].

Sin embargo, como Saturno, la nostalgia y reivindicación de la «Edad de Oro» tiene un doble sentido. La «Edad de Oro» es la aspiración prometeica de restablecer, en su plenitud paradigmática, el «triunfo del hombre»; la «Edad de Oro»—al igual que posteriormente el Romanticismo, que recuperará el mismo mito con angustiosa necesidad—es, asimismo, la percepción trágica de la fugacidad del tiempo, del permanente ciclo del construirse y destruirse de las cosas humanas. La concepción de la historia humana, como un progreso indefinido, que los enciclopedistas franceses—en especial Condorcet en su *Esquisse d'un tableau historique des progrès de l'esprit humain*—convertirán en predominante a partir del siglo XVIII, está totalmente ausente del pensamiento renacentista. Por el contrario, la concepción del Renacimiento es decididamente titánica (triunfo de la voluntad), pero inevitablemente trágica (triunfo de la fugacidad).

Es a primera vista sorprendente, mas en realidad perfectamente coherente con la concepción quattrocentista del mundo, que el período más brillante del Renacimiento, el que más firmemente se autoafirma como «Edad de Oro» sea, al mismo tiempo, el más obsesionado por la mutabilidad de las cosas y la inalcanzabilidad de los objetivos.

La figura emblemática del esplendor florentino, Lorenzo de Médici—*el Magnífico, el Divino*—, es, asimismo, antes de Miguel Ángel, el más consciente perceptor de la esencia quimérica alojada en la desmesura renacentista. En él la *melancolía*—la musa que preside el cambio de siglo en el arte italiano—es tanto una actitud espiritual como un acto explícito de reflexión histórica sobre la tragicidad de la condición humana. Sus poemas son perfectamente reveladores de ello:

Quante'è bella giovinezza
Che si fugge tutta via!
Chi vuol esser lieto, sia,
Di doman non c'è certeza.

[¡Qué hermosa es la juventud, | a pesar de que se escapa! | Quien quiera estar alegre que lo esté, | pues del mañana no hay certidumbre].

escribe en unos de sus más conocidos versos. Y en otros, inspirados en un pasaje de *La República* de Platón, expone simbólicamente el juego entre la vida y su caducidad:

Così son io una rete distesa,
la quale il legno van tien sopra l'onda:
il grave piombo, che da basso pesa,
la tira nella parte più profonda:
al fin ciascun di lor perde l'impresa:
bagnasi il legno e il piombo non s'affonda:
nè l'un desio nè l'altro par si faccia:
la rete intanto si consuma e straccia.

[Así soy como una red extendida, | a la cual el madero mantiene sobre la ola: | el pesado plomo, que desde abajo pesa, | la empuja hacia la parte más profunda: | y al fin ambas partes malogran su empresa: | el madero se baña y el plomo no se hunde: | ni uno ni otro deseo puede realizarse: | mientras tanto la red se consume y se desgarra].

La *melancolía* se convierte en tema central de la poesía italiana. Ariosto afirma escribir con una «*negra penna con fregio d'oro*», y Luigi Pulci (1432-1484), cáustico autor del *Morgante*, escribe ácidamente:

Io non sarò mai lieto
Che il mondo è tutto a pianto;
Non sempre son le rose
Ma sempre son le spine;
Quel dì ch'io venni al mondo
A morir cominciai.

[Nunca estaré alegre, | pues el mundo es enteramente llanto; | no siempre son las rosas, | pero las espinas son siempre; | aquel día que vine al mundo | a morir empecé].

No solamente en la poesía: también entre los artistas que realizan las obras más imperecederas del Renacimiento el *carpe diem* aparece como una sombra permanentemente inquietante. A ella no escapa la inteligencia apasionadamente fría de Leonardo, cuando escribe: «¡Oh, tiempo consumador de las cosas; oh, envidiosa vejez, por la cual, todas las cosas son consumidas!». O cuando, representando a la existencia como una hilera de ladrillos derribándose sucesivamente, observa: «El uno abate al otro. Por estos cuadritos se entiende la vida y los estados humanos».

El fin del Renacimiento se desarrolla bajo el signo de Saturno, y Miguel Ángel es, en su grandeza y su desolación, su abrumador epílogo. Si en un principio el artista todavía mantiene la idea lorenziana de la melancolía como un proceso creativo en el que combaten vida y caducidad, y luego—tras pintar el *Juicio Final* de la Capilla Sixtina en 1534—, se refugia en la mística cristiana, en los últimos lustros de su vida aquélla tiene una dimensión absolutamente aniquiladora. La melancolía se convierte, en un poema escrito alrededor de 1547, en un fin en sí misma: «*La mia allegrezza è la malinconia* | *E'l mio riposo son questi disagi*» ['Mi alegría es la melancolía | y mi reposo son estas fatigas'].

Miguel Ángel—«*el Divino*», unánimemente reconocido—describe su descenso al infierno como un viaje sin retorno: «del monte más alto he descendido a una cueva desierta, horrenda, a mi alrededor sólo hay guijarros, sólo guijarros...». La «*terribilità*» de quien ha pretendido lo más alto, del más prometeico de los artistas renacentistas, aniquila al que también ha sido el más fáustico de todos ellos. Ni la belleza ni el cielo son ya consolación: «*Nemico di me stesso* | *Inutilmente i pianti e sospir verso*» ['Enemigo de mí mismo, | inútilmente los llantos y suspiros vierto'].

Impulsado por el luminoso signo de Apolo, languidece el Renacimiento bajo el crepuscular—y, sin embargo, todavía fecundo—signo de Saturno. La promesa del arte, la invocación de la belleza, el triunfo de la voluntad se extravían y se vivifican en la tragicidad de la condición humana. La «Edad de Oro» se convierte en un sueño alcanzado cuando Castiglione escribe: «Esta santa belleza confiere a todas las cosas un ornamento supremo, y puede decirse que lo bueno y lo bello, en cierto modo, se confunden» (*Il Libro del Cortegiano*).

La «Edad de Oro» se convierte en un espejismo inalcanzable cuando Maquiavelo anota: «Pienso que el mundo siempre ha continuado en igual modo, y ello porque siempre ha existido tanto el bien como el mal; el bien y el mal han cambiado de país en país, alternando sus formas según el cambio de costumbres, tal como descubrimos en los antiguos reinos. Pero el mundo continúa siendo el mismo» (*Discorsi*).

O, tal vez, para el Renacimiento la clave de la «Edad de Oro» sea, únicamente, la sentencia mítica de Asclepius, con que Pico della Mirandola inicia su *Oratio*: «*Magnum miraculum est homo*».

CRONOLOGÍA

1400 Gian Galeazzo Visconti ocupa Perugia, Asís y Espoleto. Inicio de la construcción de la Cartuja de Pavía. El bizantino Crisoloras profesor en Pavía.

1401 Nace Masaccio (m. 1428).

1402 Muerte de G. G. Visconti y disolución de su Estado.

1403 Ghiberti: bajorrelieves del Baptisterio florentino.

1404 Inicio del papado de Inocencio VII.

1405 Nace L. Valla.

1406 Florencia ocupa Pisa.
Papado de Gregorio XII.
Nacen Filippo Lippi (m. 1469) y L. B. Alberti (m. 1470).

1409 Concilio de Pisa.

1410 Nace P. della Francesca (m. 1492).

1412 Filippo Maria Visconti reconstruye el Estado milanés.

1417 L. Bruni traduce a Aristóteles.

1421 L. Bruni traduce el *Fedro* de Platón.
Brunelleschi: inicio del *Duomo* de Florencia.

1424 Principales obras de Masaccio (1424-1428).
1430 Brunelleschi: capilla de los Pazzi.
1431 L. della Robbia: *Cantoria* de Santa Maria di Fiore.
L. Valla: *De Voluptate*.
Nace Mantegna (m. 1506).
1433 Exilio de Cosme de Médici.
Nace Marsilio Ficino (m. 1499).
1434 Cosme de Médici toma el poder en Florencia.
1435 Nace Verrocchio (m. 1488).
1437 L. B. Alberti: *Della Famiglia*.
1440 Brunelleschi: Palacio Pitti; Michelozzo: Palacio Médici.
1441 Alfonso V ocupa Napóles.
1444 Nacen Botticelli (m. 1510) y Bramante (m. 1514).
1447 Muerte de Filippo Maria Visconti.
Alberti: S. Francesco de Rímini.
1149 Nace Ghirlandaio (m. 1494).
1450 Nace Signorelli (m. 1523).
1452 P. della Francesca: «Historia de la invención de la verdadera cruz».
Alberti: *De re ædificatoria*.
1453 Donatello: monumento a Gattamelata.
1454 Nace Poliziano (m. 1494).
1455 Rossellino: Palacio Venecia en Roma.
1456 Ficino: *Institutiones platonicæ*.
Filarete: Ospedale Maggiore en Milán.

Uccello: *La batalla de San Romano.*
1457 Donatello: «San Juan Bautista».
1458 Ocupación turca de Atenas.
1459 Gozzoli: pinturas de la capilla de los Médici.
1460 Filippo Lippi: frescos del Duomo de Prato.
1462 Nace Pomponazzi (m. 1525).
1463 Nace G. Pico della Mirandola (m. 1494).
Ficino inicia la traducción de la obra de Platón.
1464 Papado de Pablo II.
Muerte de Cosme de Médici, sucedido por Pedro de Médici.
1467 Filippo Lippi: *Coronación de la Virgen.*
1469 Ficino: *Theologia platonica.*
Nace Maquiavelo (m. 1527).
1470 Alberti: fachada de Santa Maria Novella.
Botticelli: *Historias de Judith.*
1471 Papado de Sixto IV.
1473 Verrocchio: *El Bautismo de Cristo.*
Botticelli: *San Sebastián.*
Inicio de la Capilla Sixtina.
1474 Nace Ariosto (m. 1533).
Ficino: *De Christiana religione.*
1475 Sixto IV abre al público la Biblioteca Vaticana.
Verrocchio: *David.*
Nace Miguel Ángel (m. 1564).
1477 Botticelli: *La primavera.*
Nace Giorgione (m. 1510).
1478 Conspiración de los Pazzi en Florencia.

Bramante: San Satiro en Milán.

1479 Ludovico Sforza, el Moro, toma el poder en Milán.

1481 Sannazaro: *Arcadia*; L. Pulci: *Morgante*.

1483 Nace Rafael Sanzio (m. 1520).

1484 Papado de Inocencio VIII.

Ficino traduce Plotino.

1486 Maximiliano de Austria es proclamado rey de los romanos.

Pico della Mirandola: *Questione*; Botticelli: *El nacimiento de Venus*.

Ghirlandaio: frescos del coro de Santa Maria Novella.

1487 Pico della Mirandola es condenado por el papa.

Verrocchio: *Colleoni*.

1489 Botticelli: *La Anunciación*.

1490 Savonarola predicador en San Marcos de Florencia.

1492 Muerte de Lorenzo el Magnífico.

Papado de Alejandro VI.

1494 Ludovico Sforza, el Moro, duque de Milán.

Caída de los Médici.

Luca Pacioli: *Summa de arithmetica*.

1497 Excomunión de Savonarola.

Leonardo da Vinci: *La última cena*.

1498 Muerte de Savonarola.

Pollaiuolo: tumba de Inocencio VIII.

1499 Luis XII ocupa Milán y Génova.
Signorelli: fresco de la catedral de Orvieto.

1501 Miguel Ángel: *Pietà* de San Pedro.

1502 Bramante: San Pietro in Montorio.

1503 Papados de Pío III y Julio II.
Miguel Ángel: la *Sagrada Familia*.

1504 Bramante: claustro de Santa Maria della Pace.
Miguel Ángel: *David*.

1506 Bramante comienza San Pedro de Roma.
Leonardo: *La Gioconda*, e inicia *Santa Ana con la Virgen y el Niño*.

1508 Miguel Ángel inicia sus frescos de la Capilla Sixtina.

1509 Rafael inicia sus trabajos de la Stanza della Segnatura.

1511 Julio II forma la Santa Alianza contra Luis XII.

1512 Miguel Ángel comienza el *Moisés*.

1514 Rafael sucede a Bramante en los trabajos del Vaticano, e inicia los tapices de *Los Hechos de los apóstoles*.

1516 Ariosto: *Orlando furioso*.
Maquiavelo: *El Príncipe*.

1519 Carlos V es elegido rey de los romanos.

1520 Pomponazzi: *De falo*.
Muerte de Rafael.

BIBLIOGRAFÍA

ALBERTI, Leon Battista, *Sobre la pintura*, ed. y trad. Joaquim Dols Rusiñol, Valencia, Fernando Torres, 1976.

—, *Los diez libros de arquitectura*, trad. Francisco Loçano, Oviedo, Colegio Oficial de Aparejadores y Arquitectos Técnicos, 1975.

ARIOSTO, Ludovico, *Orlando furioso*, Turín, Einaudi, 1950. [Existe traducción en español: *Orlando furioso*, ed. y trad. José María Micó, Madrid, Espasa, 2005].

BENEVOLO, Leonardo, *Historia de la arquitectura del Renacimiento*, trad. María Teresa Weyler, 2 vols., Madrid, Taurus, 1972.

BERENSON, Bernard, *The Italian Painters of the Renaissance*, Londres, Phaidon, 1952. [Existe traducción en español: *Los pintores italianos del Renacimiento*, trad. Rafael Santos Torroella, Barcelona, Argos, 1954].

BURCKHARDT, Jacob, *La cultura del Renacimiento en Italia*, trad. José Antonio Rubio, Madrid, Escelicer, 1974.

CASSIRER, Ernst, *Individuum und Kosmos in der*

Philosophie der Renaissance, Leipzig, B. G. Teubner, 1927. [Existe traducción en español: *Individuo y cosmos en la filosofía del Renacimiento*, trad. Alberto Bixio, Buenos Aires, Emecé, 1951].

CASTIGLIONE, Baltasar, *El cortesano*, trad. Juan Boscán, Madrid, Espasa-Calpe, 1980.

CENNINI, Cennino, *Il Libro dell'Arte*, Lanciano, R. Carabba, 1913. [Existe traducción en español: *El Libro del Arte*, trad. Fernando Olmeda la Torre, Madrid, Akal, 1988].

CHASTEL, André, *Art et Humanisme à Florence au temps de Laurent le Magnifique*, París, Presses Universitaires de France, 1959. [Existe traducción en español: *Arte y humanismo en Florencia en la época de Lorenzo el Magnífico*, trad. Luis López Esteve, Madrid, Cátedra, 1991].

DA VINCI, Leonardo, *Tratado de Pintura*, ed. y trad. Ángel González García, Madrid, Editora Nacional, 1976.

GARIN, Eugenio, *La cultura del Rinascimento*, Bari, Laterza, 1973.

GOMBRICH, E. H., *Norm and Form. Studies in the art of the Renaissance*, Londres, Phaidon, 1966. [Existe traducción: *Norma y forma. Estudios sobre el arte del Renacimiento*, trad. Remigio Gómez Díaz, Madrid, Alianza, 1984].

HUIZINGA, Johan, *El otoño de la Edad Media*, trad. José Gaos, Madrid, Alianza, 1979.

KRISTELLER, Paul Oskar, *Renaissance Thought. The Classic, Scholastic and Humanist strains*, Nueva York, Harper & Row, 1961.
MAQUIAVELO, Nicolás, *El príncipe*, trad. Eli Leonetti Jungl, Madrid, Espasa-Calpe, 1979.
MIGUEL ÁNGEL, *Obras Escogidas*, trad. Guido Gutiérrez y José Luis Velaz, Madrid, Felmar, 1975.
PANOFSKY, Erwin, *La perspectiva como forma simbólica*, trad. Virginia Careaga, Barcelona, Tusquets, 1978.
—, *Renacimiento y renacimientos en el arte occidental*, trad. María Luisa Balseiro, Madrid, Alianza, 1979.
PATER, Walter, *El Renacimiento*, s. t., Barcelona, Icaria, 1982.
SCHLOSSER, Julius, *La literatura artística*, trad. Esther Benítez, Madrid, Cátedra, 1976.
VASARI, Giorgio, *Vidas de artistas ilustres*, 5 vols., trad. Agustín Blánquez, Josep Farran i Mayoral, Esteve Molist i Pol y Manuel Scholz, Barcelona, Iberia, 1957.
WITTKOWER, Rudolf, *Architectural Principles in the Age of Humanism*, Londres, Warburg Institute, 1949. [Existe traducción: *Los fundamentos de la arquitectura en la edad del humanismo*, trad. Adolfo Gómez Cedillo, Madrid, Alianza, 1995].

ESTA REIMPRESIÓN, PRIMERA, DE
«EL QUATTROCENTO», DE RAFAEL ARGULLOL,
SE TERMINÓ DE IMPRIMIR
EN CAPELLADES EN
EL MES DE JULIO
DEL AÑO
2025

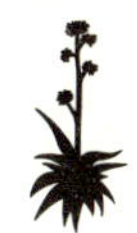

OTROS TÍTULOS
DE RAFAEL ARGULLOL
EN ACANTILADO

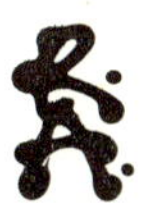

TÍTULOS PUBLICADOS

El afilador de cuchillos (un poema)
Enciclopedia del crepúsculo
Breviario de la aurora
La atracción del abismo
El fin del mundo como obra de arte
El cazador de instantes
El Héroe y el Único
Aventura. Una filosofía nómada
Lampedusa. Una historia mediterránea
Desciende, río invisible
Visión desde el fondo del mar
Una educación sensorial
Maldita perfección
Pasión del dios que quiso ser hombre
La razón del mal
Mi Gaudí espectral
Tratado erótico-teológico
Poema
El enigma de Lea
Las pasiones según Rafael Argullol
Danza humana

TÍTULOS EN PREPARACIÓN

Tres miradas sobre el arte
Leopardi
El asalto del cielo
Territorio del nómada
Sabiduría de la ilusión
Transeuropa
Davalú o el dolor
Manifiesto contra la servidumbre
El puente de fuego